Alexandra Hanneforth

Literaturwerkstatt: Kirsten Boie

Differenzierte Unterrichtsmaterialien
für die Klassen 2 bis 4

westermann

© 2010 Bildungshaus Schulbuchverlage
Westermann Schroedel Diesterweg Schöningh Winklers GmbH, Braunschweig
www.westermann.de

Das Werk und seine Teile sind urheberrechtlich geschützt. Jede Nutzung in anderen als den gesetzlich zugelassenen Fällen bedarf der vorherigen schriftlichen Einwilligung des Verlages. Hinweis zu § 52 a UrhG: Weder das Werk noch seine Teile dürfen ohne Einwilligung gescannt und in ein Netzwerk eingestellt werden. Dies gilt auch für Intranets von Schulen und sonstigen Bildungseinrichtungen.

Auf verschiedenen Seiten dieses Buches befinden sich Verweise (Links) auf Internet-Adressen.
Haftungshinweis: Trotz sorgfältiger inhaltlicher Kontrolle wird die Haftung für die Inhalte der externen Seiten ausgeschlossen. Für den Inhalt dieser externen Seiten sind ausschließlich deren Betreiber verantwortlich. Sollten Sie dabei auf kostenpflichtige, illegale oder anstößige Inhalte treffen, so bedauern wir dies ausdrücklich und bitten Sie, uns umgehend per E-Mail davon in Kenntnis zu setzen, damit beim Nachdruck der Verweis gelöscht wird.

Druck A^1 / Jahr 2010

Lektorat: Nadin Bamberg
Herstellung und Satz: PER Medien+Marketing GmbH, Braunschweig
Umschlaggestaltung: Claudia Bauer, PER Medien+Marketing GmbH, Braunschweig
Illustrationen: Claudia Bauer
Druck und Bindung: westermann druck GmbH, Braunschweig

ISBN 978-3-14-**163056**-5

Inhalt

Vorwort 7

Vorbemerkungen 9

Literaturwerkstatt 13

Ergänzungsmaterialien 56

Empfehlungen 154
Quellenverzeichnis 155

Kopiervorlagenverzeichnis

Literaturwerkstatt

KV 1: Werkstattpass ... 13

Aufgabenkarten
KV 2: Kirsten Boie (Steckbrief) – Memospiel ... 14
KV 3: Lesezeit – Woher kommen die Ideen? ... 15
KV 4: Kirsten Boie und ihre Illustratorin – Linnea ... 16
KV 5: King-Kong – Lena kann nicht gut rechnen ... 17
KV 6: Der Nix – Klar, dass Mama Anna / Ole lieber hat ... 18
KV 7: Paule ist ein Glücksgriff – Die Kinder aus dem Möwenweg ... 19
KV 8: Josef Schaf will auch einen Menschen – Sophies schlimme Briefe ... 20
KV 9: Der kleine Ritter Trenk ... 21

Aufgabenblätter
KV 10: Kirsten Boie (Steckbrief) ☺ ... 22
KV 11: Kirsten Boie (Steckbrief) ☺☺ ... 23
KV 12: Memospiel ☺ ... 24
KV 13: Memospiel ☺☺ ... 25
KV 14: Woher kommen die Ideen? ☺ ... 26
KV 15 Woher kommen die Ideen? ☺☺ ... 27
KV 16: Kirsten Boie und ihre Illustratorin ☺ ... 28
KV 17: Kirsten Boie und ihre Illustratorin ☺☺ ... 29
KV 18: Linnea ☺ ... 30
KV 19: Linnea ☺☺ ... 31
KV 20: Pflasterleporello ... 32
KV 21: King-Kong ☺ ... 33
KV 22: King-Kong ☺☺ ... 34
KV 23: King-Kong ... 35
KV 24: Lena kann nicht gut rechnen ☺ ... 36
KV 25: Lena kann nicht gut rechnen ☺☺ ... 37
KV 26: Der Nix ☺ ... 38
KV 27: Der Nix ☺☺ ... 39
KV 28: Klar, dass Mama Anna / Ole lieber hat ... 40
KV 29: Paule ist ein Glücksgriff ☺ ... 41
KV 30: Paule ist ein Glücksgriff ☺☺ ... 42
KV 31: Die Kinder aus dem Möwenweg ☺ ... 43
KV 32: Die Kinder aus dem Möwenweg ☺☺ ... 44
KV 33: Josef Schaf will auch einen Menschen ☺ ... 45
KV 34: Josef Schaf will auch einen Menschen ☺☺ ... 46
KV 35: Sophies schlimme Briefe ☺ ... 47
KV 36: Sophies schlimme Briefe ☺☺ ... 48
KV 37: Briefbogen ... 49
KV 38: Der kleine Ritter Trenk – Hosentaschenbuch ☺ ... 50
KV 39: Der kleine Ritter Trenk – Hosentaschenbuch ☺☺ ... 52
KV 40: Werkstattzeugnis ... 55

Ergänzungsmaterialien

Bildplakate

KV 41:	Kirsten Boie – Eine der bekanntesten deutschen Schriftstellerinnen	56
KV 42:	Als Kirsten Boie noch ein Kind war	57
KV 43:	Wie Kirsten Boie zum Bücherschreiben kam	58
KV 44:	Kirsten Boies Arbeitsplatz	59
KV 45:	Kirsten Boie und ihre Kinder	60
KV 46:	Kirsten Boie – Eine Schriftstellerin aus Hamburg	61
KV 47:	Kirsten Boie – Eine vielseitige Schriftstellerin	62

Aufgabenblätter

KV 48:	Linnea-Lexikon	63
KV 49:	Linnea klaut Magnus die Zauberdose	66
KV 50:	Beobachtungsbogen	67
KV 51:	Mehr über King-Kong	68
KV 52:	King-Kong im Internet	69
KV 53:	King-Kongs Artgenossen	70
KV 54:	Lenas Mittagessen	71
KV 55:	Lena-Rätsel	72
KV 56:	Lena hat nur Fußball im Kopf ☺	73
KV 57:	Lena hat nur Fußball im Kopf ☺☺	74
KV 58:	Mathe üben durch Zielschießen	75
KV 59:	Wen hat Mama lieber? ☺	76
KV 60:	Wen hat Mama lieber? ☺☺	77
KV 61:	Reimen mit dem Nix ☺	78
KV 62:	Reimen mit dem Nix ☺☺	79
KV 63:	Paule ist ein Glücksgriff ☺	80
KV 64:	Paule ist ein Glücksgriff ☺☺	81
KV 65:	Paule zum Nachdenken	82
KV 66:	Der kleine Ritter Trenk – Wörterschlüssel	83
KV 67:	Was war zuerst da?	84
KV 68:	Prinzessin Rosenblüte ☺	85
KV 69:	Prinzessin Rosenblüte ☺☺	86
KV 70:	Prinzessin Rosenblüte ☺	87
KV 71:	Auch in Märchen kann einiges schief laufen … ☺☺	88
KV 72:	Der durch den Spiegel kommt	89
KV 73:	Schiffszwieback für Seeräuber-Moses	90
KV 74:	Buchtipp	91
KV 75:	Kirsten Boies Arbeitsmorgen ☺	92
KV 76:	Kirsten Boies Arbeitsmorgen ☺☺	93
KV 77:	Ganz schön viel Arbeit	94

Mitmachbücher

KV 78:	Info-Mitmachbuch – Kirsten Boie	95
KV 79:	Mitmachbuch – „Kann doch jeder sein, wie er will"	100

Spiele

KV 80:	Quartett	107
KV 81:	Das Spiel vom kleinen Piraten	113
KV 82:	Wissensschieber	117
KV 83:	Bewegungsquiz	119
KV 84:	Figuren-Raten	120
KV 85:	Rätsel-Rallye	122

Bastelideen
KV 86: Wörterbild 127
KV 87: Lena und Katrin in der Schule................................ 128
KV 88: Nix-Handpuppe 129
KV 89: Ein Mensch für Josef Schaf 132
KV 90: Löffelpuppen.. 134
KV 91: Seeräuber-Moses Knotenkartei 137

Klassenkalender – „Wir Kinder aus dem Möwenweg" (KV 92) 140

Vorwort

Kirsten Boie ist eine der renommiertesten deutschen Kinder- und Jugendbuchautorinnen. Sie wurde vielfach national und international ausgezeichnet und bereits dreimal für den „Hans Christian Andersen Award", sozusagen den „Nobelpreis der Kinderliteratur", nominiert.

Kirsten Boies Gesamtwerk zeichnet sich vor allem durch seine Vielfältigkeit aus und bietet von Pappbilderbüchern für Zweijährige, über zahlreiche Titel für Leseanfängerinnen und Leseanfänger sowie fortgeschrittenere junge Leserinnen und Leser, bis hin zu spannenden Jugendbüchern für jedes Lesealter etwas. Dabei gelingt es Kirsten Boie jeweils altersgerechte Themen aufzugreifen und ungekünstelt und sehr glaubwürdig darzustellen. So dürfen ihre kindlichen Figuren Ausdrücke wie „blöde, arschige Pupefrau" (aus: Linnea macht Sachen) ebenso verwenden wie die Jugendlichen ihre jeweilige Umgangssprache (vgl.: Nicht Chicago. Nicht hier) und wirken dadurch äußerst lebendig und echt.

Für den Unterricht bietet Kirsten Boies Gesamtwerk eine wahre Fundgrube an kindgerechten, interessanten Themen. Egal ob Märchen, Ritter, Piraten, Alltag und Miteinander in der Familie (und dies nicht nur in der klassischen Vater-Mutter-Kind-Variante), Angst haben, Anderssein, Freundschaft, Fremdenfeindlichkeit, Haustiere u.v.a.m. – all diese Themen findet man in Kirsten Boies Büchern – und dies in einer erfrischend unpädagogischen, dafür aber sehr realistischen Art und Weise. Viele Titel bieten sich deshalb als Unterrichtsausgangspunkt geradezu an.

Die vorliegenden Unterrichtsmaterialien sollen den Schülerinnen und Schülern Kirsten Boies Bücherwelt öffnen, ihnen Gelegenheit geben, in viele verschiedene Titel hineinzuschnuppern und ihre Neugier zum Weiterlesen wecken. Durch kleinere Textausschnitte, Bastel- und Spielanregungen sollen Kirsten Boies Geschichten und Figuren kennengelernt und die Vielfältigkeit des schriftstellerischen Schaffens von Kirsten Boie deutlich werden.

Neben ihren Büchern steht aber auch die Autorin selbst im Mittelpunkt der Literaturwerkstatt. Wer ist die Person, die all die Geschichten erfunden hat? Wie arbeitet sie? Wie kam sie zur Schriftstellerei? Und woher nimmt sie ihre Ideen? Diese und ähnliche Fragen werden in den vorliegenden Materialien aufgeworfen und beantwortet.

Die meisten Aufgaben liegen – unabhängig von der auf dem Kinderbuch angegebenen Altersangabe – in differenzierter Form vor (s. Kopiervorlagenverzeichnis: ☺ = einfach, ☺☺ = schwer), sodass das Materialangebot für Klasse 2–4 eine Auswahl bietet und möglichst alle Kinder Kirsten Boie als für sie „lesenswerte" Autorin schätzen lernen können.

Während für die jüngeren Leserinnen und Leser – auch für Leseanfängerinnen und Leseanfänger – vereinfachte Texte zur Verfügung stehen, können fortgeschrittenere Leserinnen und Leser in viele originale Leseproben hineinschnuppern. Um Kirsten Boies Gesamtwerk gerecht zu werden, sollte jedoch in beiden Fällen zusätzlich zur reinen Aufgabenbearbeitung reichlich Vorlesezeit durch Lehrerinnen und Lehrer, Eltern oder ältere Schülerinnen und Schüler mit eingeplant werden.

Im Mittelpunkt der Literaturwerkstatt stehen die im Werkstattpass verzeichneten Aufgaben. Das zusätzliche Ergänzungsmaterial ermöglicht, die Werkstatt nach eigenen Vorlieben bzw. dem eigenen Bedarf zu verändern oder zu ergänzen. Auch kann das Ergänzungsmaterial dazu genutzt werden, den Sachunterricht noch stärker mit einzubeziehen.

Für alle, die sich noch intensiver mit der Person Kirsten Boie beschäftigen möchten, ist das „Info-Mitmachbuch" gedacht. Hier erfahren die Kinder noch viel Interessantes und probieren selbst kleine schriftstellerische Anregungen aus.

Das Mitmachbuch zu „Kann doch jeder sein, wie er will" ist ein Lesebegleitheft zum Kinderbuch. Dabei geht es allerdings weniger um ein gezieltes Lesetraining und vertiefendes Textverständnis, als vielmehr darum, sich eigene Gedanken zur Thematik „typisch Junge / typisch Mädchen" zu machen.

Durch die Bastelideen wird sich der Klassenraum sicher schnell in eine echte „Kirsten-Boie-Welt" verwandeln und die Kinderbuchfiguren werden ein lebendiger Bestandteil des Unterrichts.

Das „Bewegungsquiz" und die „Rätsel-Rallye" sorgen für Bewegung im Unterricht.

Der „Möwenweg-Klassenkalender" ist eine Ganzjahresanregung. Monat für Monat lernen die Kinder eine neue Möwenweggeschichte kennen und finden eine Bastel-, Koch- oder Spielanregung.

Hauptziel der gesamten Literaturwerkstatt ist es, die Lesefreude der Schülerinnen und Schüler zu wecken bzw. zu erhalten, sie neugierig auf Bücher zu machen und ihnen eine wahre Fundgrube an interessantem Lesestoff aufzuzeigen.

In diesem Sinne wünsche ich viel Spaß und Erfolg mit dem Materialangebot.

Alexandra Hanneforth

Vorbemerkungen

Allgemeine Anmerkungen zur Werkstattarbeit

Die Werkstattarbeit ist eine freie Unterrichtsform, in der die Kinder weitestgehend selbstständig arbeiten, individuelle Lernschwerpunkte setzen können und ihren Lernort teilweise selbst bestimmen.

Alle benötigten Materialien sollten frei zugänglich aufgebaut werden. Gut nutzen lässt sich dafür die Fensterbank oder eine Tischreihe an der Wand des Klassenraums. Für jede Aufgabe der Werkstatt wird ein Ablagefach, Körbchen o. Ä. benötigt. Da die Kinder aus einem breit gefächerten Angebot selbstständig auswählen können, gehört außerdem zu jeder Aufgabe eine Aufgabenkarte mit einem kurzen, möglichst einfach formulierten Arbeitsauftrag.

Gezielt differenzieren lassen sich einzelne Aufgaben, indem die entsprechenden Arbeitsblätter mit den Schülernamen versehen werden. So können in einem Ablagefach durchaus unterschiedliche Arbeitsblätter liegen, die thematisch und von der Aufgabenstellung aber weitestgehend gleich sein sollten.

Als Überblickshilfe für die Schülerinnen und Schüler sowie die Lehrperson erhält jedes Kind einen Werkstattpass, auf dem alle Aufgaben verzeichnet sind. Hier können die Kinder auch die bereits erledigten Aufgaben ankreuzen. Zur vollständigen Bearbeitung gehört auch noch eine abschließende Endkontrolle („Habe ich alle Teilaufgaben erledigt?", „Habe ich die Aufgabenstellung richtig gelesen und verstanden?", „Entdecke ich noch Flüchtigkeitsfehler in meiner Bearbeitung?"). Ausgefüllte Lösungsbögen bieten den Kindern eine zusätzliche Möglichkeit der Selbstkontrolle. Auch die Endkontrolle wird im Werkstattpass vermerkt.

Die Lehrkraft übernimmt bei einer Lernwerkstatt die Rolle des Beraters und Helfers, der die Kinder möglichst nur bei auftretenden Problemen unterstützt. Bei einem optimalen Verlauf einer Werkstattarbeit sollte die Lehrperson Zeit für Schülerbeobachtungen und für die Förderung leistungsschwächerer Kinder haben. Wichtige Voraussetzungen hierfür sind allerdings, dass die Lernform „Werkstattunterricht" schrittweise eingeführt (erst nur wenige Aufgaben) und systematisch trainiert wird, vorher festgelegte Regeln besprochen, geübt und eingehalten werden und durch das „Chefsystem" Kinder daran gewöhnt sind, sich gegenseitig zu helfen und Hilfe auch von Mitschülerinnen und Mitschülern anzunehmen. Beim „Chefsystem" werden einzelne Schülerinnen und Schüler zu Beginn einer Werkstatt genau in eine Aufgabe eingewiesen, sodass diese „Chefs" ihren Mitschülerinnen und Mitschülern bei kleineren Verständnisproblemen helfen können und als erste Ansprechpartner da sind. Es empfiehlt sich, die jeweiligen „Chefs" auf der Aufgabenkarte zu vermerken.

Als Sammelstelle für fertige Arbeitsblätter dienen Hängeregister, Ablagefächer oder Schnellhefter.

Zum Schluss noch einige Beispiele für wichtige Werkstattregeln:

Werkstattregeln

Ich arbeite sorgfältig.

Ich beende eine Aufgabe, bevor ich eine neue Aufgabe auswähle.

Ich arbeite so leise, dass ich andere Kinder nicht störe.

Fertige Aufgaben kreuze ich im Werkstattpass an. Ich kontrolliere auch noch einmal.

Ich räume das Material an seinen Platz zurück.

Vorbereitung des Klassenraums

Es empfiehlt sich, bereits im Vorfeld der Literaturwerkstatt möglichst viele Titel von Kirsten Boie für einen Büchertisch oder eine Bücherkiste zu sammeln. Sicher können auch die Kinder einige Bücher und CDs bzw. Kassetten mitbringen. In der Regel sind auch die örtlichen Bibliotheken gern bereit, eine Autorenkiste zusammenzustellen.

Die „Bildplakate" (KV 41–47) können als kleine Ausstellung an die Tür oder eine Wand geklebt werden. Hier finden die Kinder erste Informationen über die Autorin.

Organisatorische Tipps zur Literaturwerkstatt

Die hier vorliegende Literaturwerkstatt umfasst 15 Aufgaben. Allerdings sollten die Aufgaben je nach Lerngruppe zusammengestellt werden. In leistungsschwächeren oder noch nicht so werkstatt-trainierten Gruppen sind 15 Aufgaben sicher zu viel.

In manchen Schülergruppen empfiehlt es sich, einige Aufgaben als Pflichtaufgaben zu kennzeichnen. So ist sichergestellt, dass alle Kinder ein vorgegebenes Minimum erarbeiten.

Zusätzliche Materialien werden bei einzelnen Aufgaben neben den Arbeitsblättern benötigt. Diese sollten möglichst bei den entsprechenden Aufgabenkarten bereitstehen.

Folgende Materialien werden gebraucht:
- *Memospiel* (KV 12–13)
  3–4 laminierte Memospiele (Für Leseanfängerinnen und Leseanfänger sind die relevanten Wörter auf der Textkarte unterstrichen. Noch einfacher wird das Spiel, wenn statt der Textkarte die Bildkarte zweimal kopiert wird.)
- *Kirsten Boie und ihre Illustratorin* (KV 16–17) und *Woher kommen die Ideen?* (KV 15)
  weißes Papier bzw. Schreibpapier
- *Linnea* (KV 18–19) und *Linnea-Lexikon* (KV 48)
  wasserfeste Stifte, Pflaster (wasserabweisend)
- *King-Kong* (KV 23)
  Pappe, Fell- und Filzreste, Wackelaugen, Flüssigkleber
- *Klar, dass Mama Anna / Ole lieber hat* (KV 28)
  Bilderbuch „Klar, dass Mama Anna / Ole lieber hat"
- *Josef Schaf will auch einen Menschen* (KV 33–34)
  Pappe, Gummibänder
- *Sophies schlimme Briefe* (KV 35–36)
  Briefumschläge
- *Seeräuber-Moses Knotenkartei* (KV 91)
  Seile oder Kordeln

Durch das Werkstattzeugnis (KV 40) erhalten die Kinder am Ende der Literaturwerkstatt ein Feedback der Lehrperson. Damit sie die Bewertungskriterien bewusst beachten können, müssen diese den Kindern bereits zu Beginn der Werkstattarbeit bekannt sein. Bei jüngeren Schülerinnen und Schülern sollte man sich auf zwei oder drei Bewertungskriterien beschränken.

Ergänzungsmaterialien zur Werkstatt

Die Literaturwerkstatt kann durch die Ergänzungsmaterialien nach Belieben verändert oder erweitert werden. Auch für Hausaufgaben und besonders schnelle oder interessierte Schülerinnen und Schüler ist dieses Material gedacht. Wer statt vieler verschiedener Titel eher wenige Bücher intensiver bearbeiten lassen möchte, findet hier Alternativangebote.

Einige Buchausschnitte bieten sich besonders gut als Ausgangspunkt für Themen des Sachunterrichts an.

Hier nur einige Beispiele:
- *Linnea klaut Magnus die Zauberdose* (KV 49)
  Samen keimen lassen, Klassentier
- *King-Kong* (KV 51–53)
  Haustiere
- *Der kleine Ritter Trenk* (KV 66)
  Ritter, Mittelalter
- *Was war zuerst da?* (KV 67)
  Hühner, vom Ei zum Huhn
- *Prinzessin Rosenblüte* (KV 68–71)
  Hilfsbereitschaft, Märchen
- *Der kleine Pirat* (KV 81)
  Piraten

- Das Angebot „*Paule zum Nachdenken*" (KV 65) ist als Denkanstoß für die gesamte Klasse gedacht und kann sicher sowohl im Sach- als auch im Religionsunterricht aufgegriffen werden.

Mitmachbuch zu „Kann doch jeder sein, wie er will"

Das Mitmachbuch (KV 79) ist ein Arbeitsheft, das parallel zum Kinderbuch bearbeitet werden kann. Es ist kein Lesebegleitheft im herkömmlichen Sinn, d. h. die Aufgaben beziehen sich nicht unbedingt auf konkrete Seiten im Kinderbuch. Zur Bearbeitung brauchen die Kinder kein eigenes Buch. Es genügt, die Geschichte vorzulesen bzw. aus einem Buch gemeinsam zu lesen. Hauptziel des Mitmachbuches ist es, über sich selbst und seine Einstellung zur Thematik „typisch Junge / typisch Mädchen" nachzudenken.

Wissensschieber, Bewegungsquiz und Rätsel-Rallye

Alle drei Angebote (KV 82, 83, 85) sind besonders für den Abschluss des Literaturprojekts geeignet. Hier können die Kinder ihr erlerntes Wissen überprüfen und zeigen, wie viel sie über Kirsten Boie gelernt haben.

Die Rätsel-Rallye beginnt mit einem gemeinsamen Figuren-Raten (KV 84). Hierfür werden die Abbildungen auf Folie kopiert und auseinandergeschnitten. Die Puzzleteile werden nun nacheinander auf den Overheadprojektor gelegt. Je mehr Teile dort liegen, desto einfacher wird das Erkennen der Figur. Die schnellste Rategruppe darf mit der Rallye beginnen. Ist diese Gruppe unterwegs, beginnt die zweite Runde Figuren-Raten usw.

Für die Rallye erhält jede Gruppe einen Rallye-Pass (KV 85a). In diesen müssen vor dem Kopieren zunächst die jeweiligen Stationsorte eingetragen werden. Besonders Spaß macht die Rallye, wenn auch der Schulhof mit einbezogen wird.
Je nach Gruppe empfiehlt es sich, Station 5 und Station 8 mehrfach als Kopie auszulegen, um den Kindern die Möglichkeit zu geben, die Aufgabe durch Puzzeln zu lösen. In diesem Fall benötigen die Schülerinnen und Schüler zu ihrem Rallye-Pass noch eine Schere.

Bastelideen

Diese Angebote bieten sich besonders im Rahmen des Kunstunterrichts an. Sicher macht es den Kindern viel Spaß, Kirsten Boies Buchfiguren lebendig werden zu lassen. Mit der Nix-Handpuppe (KV 88) und den Löffelpuppen (KV 90) kann man übrigens hervorragend Theater spielen. Worüber würden sich z. B. Lena und Jan-Arne unterhalten? Und wie würde die kleine, freche Linnea auf den Nix reagieren? Da fällt den Kindern mit Sicherheit viel ein.

Hier noch einige praktische Tipps:
- *Lena und Katrin in der Schule* (KV 87)
  Falls es für die Kinder noch zu schwer ist, Lena und Katrin selbst zu malen, kann eine Vorlage angefertigt werden. Einfach die Illustration von KV 87 beim Kopieren vergrößern, auf Pappe kleben, anmalen und grob ausschneiden.
- *Nix-Handpuppe* (KV 88)
  Mit einem Apfelausstecher bekommt man ganz schnell ein tiefes Loch in die Styroporkugel.
- *Ein Mensch für Josef Schaf* (KV 89)
  Zum Festkleben der Köpfe nimmt man am besten Heißkleber. Der hält gut und die Kinder können sofort weiterarbeiten.
- *Löffelpuppen* (KV 90)
  Damit die Arme nicht mehr herunterrutschen können, kann man um den Löffelstiel ein Gummiband schlingen und es direkt unter den Figurendraht schieben. Um die Holzkugeln auf den Figurendraht zu stecken, schneidet man am besten ein kleines Stück der Ummantelung ab, umwickelt den Draht mit einem kleinen Stück Kreppklebeband und kann darauf nun die Kugeln gut festkleben.

Klassenkalender zu „Wir Kinder aus dem Möwenweg"

Dieser immerwährende Kalender (KV 92) kann unabhängig vom Literaturprojekt genutzt werden. Er begleitet die Klasse ein ganzes Jahr lang. In welchem Monat man beginnt, ist egal, allerdings sollten die Schülerinnen und Schüler die Hauptpersonen, also die Möwenwegkinder, bereits kennen. Hierfür kann man ein Einführungskapitel lesen oder die Möwenweg-Seite der Literaturwerkstatt (KV 32) nutzen. Für den Kalender werden die ersten vier Möwenwegbände benötigt.

Wer zusätzlich zu den Kalenderangeboten noch weitere Anregungen sucht, findet im Folgenden einige Ideen:

- *Februar*
  Vielleicht spendiert in diesem Monat eine Mutter oder ein Geburtstagskind einen Zitronenkuchen für die Klasse. Der schmeckt nämlich bestimmt nicht nur den Möwenwegkindern gut.
- *März*
  Tara und ihre Freundinnen mögen Gummitwist. Führen Sie dieses traditionelle Pausenspiel doch auch ein. Hüpfgummis sind schnell hergestellt und sicher kennen einige Mütter noch Gummitwistspiele.
- *April*
  Im Band „Wir Kinder aus dem Möwenweg" spielen die Kinder „Berühmte Menschen raten". Wie das Spiel geht, findet man im Buch auf Seite 92.
- *Juni*
  Die Möwenwegkinder backen nicht nur Pfannkuchen, sondern pflücken auch Erdbeeren – Sicher auch ein schönes Erlebnis für Ihre Klasse! Und anschließend können Erdbeerquark, Bowle oder Schokoerdbeeren gemacht werden.
- *Juli*
  Im Buch „Sommer im Möwenweg" wird auf den Seiten 107 bis 109 eine „Geheimsprache" beschrieben. Probieren Sie sie mit Ihrer Klasse aus!
- *August*
  Versuchen Sie mit den Kindern möglichst echte Gewittergeräusche zu imitieren und nehmen Sie sie mit einem Aufnahmegerät auf.
- *September*
  Sommerferienabschlusstrostgrillfest, Pflaumenkernweitspuckwettbewerb ... Lassen Sie die Kinder ebenfalls sehr lange Wörter suchen/ erfinden. Wer findet das längste Wort? Wie viele Buchstaben hat es? Kann die Klasse Kirsten Boies Ideen toppen?
- *November*
  Basteln Sie im Kunstunterricht kleine Möwenwegtischlaternen. Vergrößern Sie hierzu die Häuserreihe des Werkstattarbeitsblattes (KV 31) auf Pappe oder stärkeres Papier. Die Kinder malen die Häuser nun schön an und schneiden die Fenster heraus. Dahinter kleben sie Transparentpapier. Anschließend wird die Häuserreihe zu einem Kreis geklebt und ein Glas mit Teelicht in die Mitte gestellt. So leuchten im Dämmerlicht alle Fenster.
- *Dezember*
  Tieneke und Tara üben Rechtschreibung. Wie viele Wörter mit -lich und -ig finden die Kinder Ihrer Klasse? Legen Sie eine Klassenliste an, die den ganzen Monat erweitert werden kann.

Weitere Anregungen

Leseabend / Lesenacht

Ein besonderes Highlight jedes Literaturprojekts ist mit Sicherheit ein gemeinsamer Leseabend oder eine Lesenacht. Hier darf nach Herzenslust gelesen und vorgelesen werden.

Vielleicht werden in diesem Rahmen ja auch Lenas Ravioli und ihr Kartoffelbrei gekocht und die leckeren Möwenweg-Cocktails gemixt? Und die Rätsel-Rallye macht im abendlichen Schulgebäude bestimmt besonders Spaß.

Kirsten Boies Name

Eine interessante Aufgabe – vor allem für den Abschluss des Projekts – ist es auch, den Namen der Autorin in Druckbuchstaben senkrecht an die Tafel zu schreiben und gemeinsam zu jedem Buchstaben etwas Passendes zu suchen.

K ing-Kong ist ein Meerschweinchen.
I n den Büchern kann man stundenlang lesen.
R itter möchte der Bauernjunge Trenk werden.
S ophie schreibt ihrer Oma viele Briefe.
T ara wohnt im Möwenweg.
E ...
N ...
...

Buchtipp-Buch

Die ausgefüllten Buchtippseiten (KV 74) ergeben in einem Klassenordner gesammelt ein prima „Tippbuch" für die Schülerinnen und Schüler, aber auch für Eltern, die noch nach einem passenden Geburtstagsgeschenk suchen.

Werkstattpass

von: _____

Werkstattaufgabe	erledigt	kontrolliert
1 Kirsten Boie (Steckbrief)		
2 Memospiel		
3 Lesezeit		
4 Woher kommen die Ideen?		
5 Kirsten Boie und ihre Illustratorin		
6 Linnea		
7 King-Kong		
8 Lena kann nicht gut rechnen		
9 Der Nix		
10 Klar, dass Mama Anna / Ole lieber hat		
11 Paule ist ein Glücksgriff		
12 Die Kinder aus dem Möwenweg		
13 Josef Schaf will auch einen Menschen		
14 Sophies schlimme Briefe		
15 Der kleine Ritter Trenk		

Kopiervorlage 2: Aufgabenkarte (Literaturwerkstatt)

①
Kirsten Boie (Steckbrief)

Lies den Text und ergänze den Steckbrief.

②
Memospiel

Suche dir ein oder zwei Kinder und spiele mit ihnen.

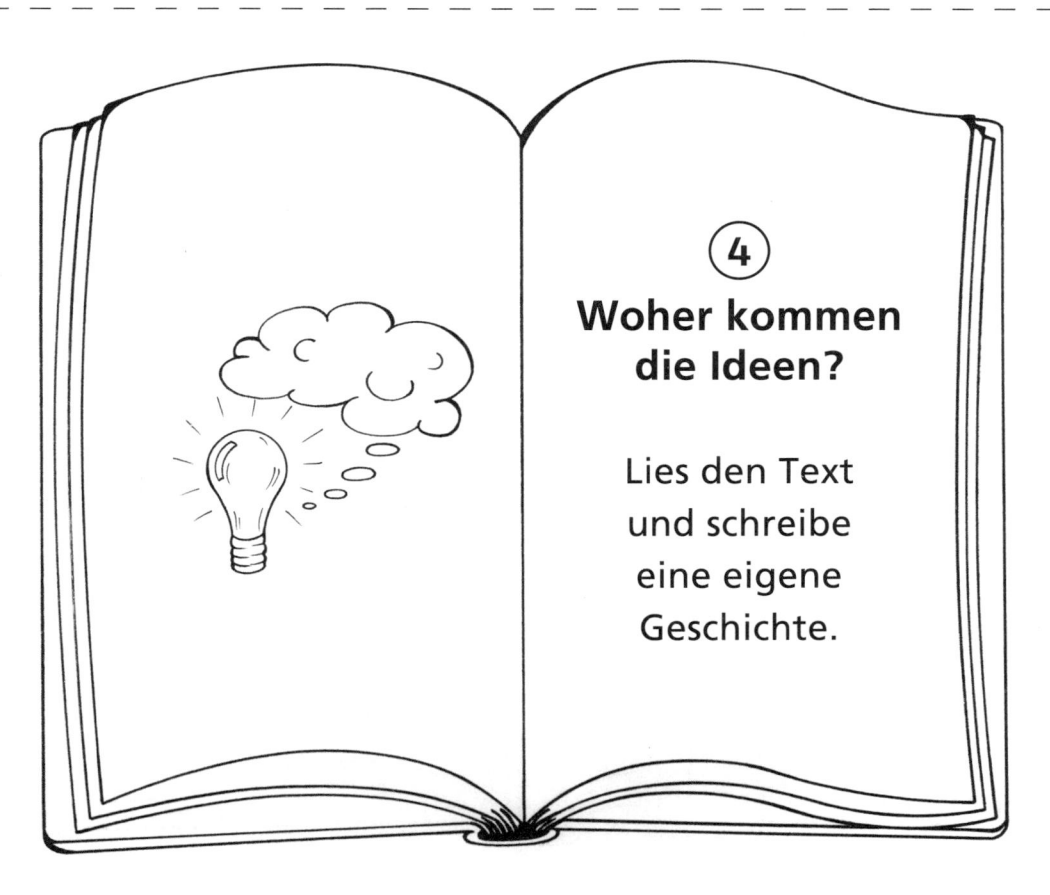

③ Lesezeit

Nimm dir Zeit,
um in der Bücherkiste
zu stöbern.
Lies, was dir gefällt.

④ Woher kommen die Ideen?

Lies den Text
und schreibe
eine eigene
Geschichte.

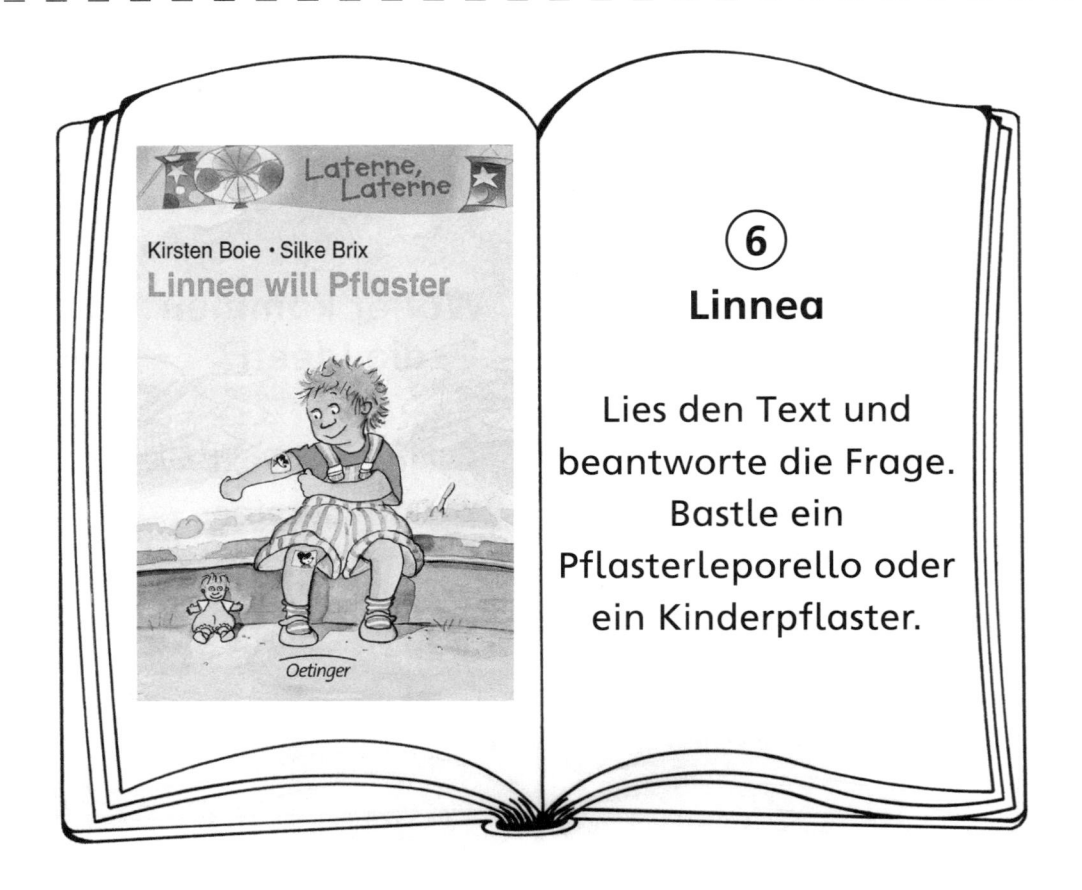

Kopiervorlage 4: Aufgabenkarte (Literaturwerkstatt)

5
Kirsten Boie und ihre Illustratorin

Lies und ergänze den Text.
Male wie Silke Brix.

6
Linnea

Lies den Text und beantworte die Frage.
Bastle ein Pflasterleporello oder ein Kinderpflaster.

Kopiervorlage 5: Aufgabenkarte (Literaturwerkstatt)

Kirsten Boie
King-Kong, das Schulschwein

⑦
King-Kong

Lies den Text und beantworte die Fragen. Bastle einen King-Kong.

Kirsten Boie
Lena hat nur Fußball im Kopf

⑧
Lena kann nicht gut rechnen

Lies den Text und hilf Lena beim Rechnen.

© Bildungshaus Schulbuchverlage Westermann Schroedel Diesterweg Schöningh Winklers GmbH, Braunschweig 2010, ISBN 978-3-14-163056-5

Kopiervorlage 6: Aufgabenkarte (Literaturwerkstatt)

9

Der Nix

Lies den Text und erledige die Aufgaben.

10

Klar, dass Mama Anna / Ole lieber hat

Löse das Kreuzworträtsel.

© Bildungshaus Schulbuchverlage Westermann Schroedel Diesterweg Schöningh Winklers GmbH, Braunschweig 2010, ISBN 978-3-14-163056-5

Kopiervorlage 7: Aufgabenkarte (Literaturwerkstatt)

11

Paule ist ein Glücksgriff

Lies den Text und beantworte die Fragen.

12

Die Kinder aus dem Möwenweg

Finde heraus, wer wo wohnt.

Kopiervorlage 8: Aufgabenkarte (Literaturwerkstatt)

⑬ Josef Schaf will auch einen Menschen

Lies den Text und beantworte die Frage.
Bastle eine Drehscheibe.

⑭ Sophies schlimme Briefe

Sammle Wörter für „Pippi machen".
Schreibe einen Brief an deine Oma oder deinen Opa.

Kopiervorlage 9: Aufgabenkarte (Literaturwerkstatt)

15

Der kleine Ritter Trenk

Bastle ein Hosentaschenbuch.

Kirsten Boie (Steckbrief) ☺

Lies den Steckbrief und verbinde die Sätze
mit den passenden Abbildungen.

Das ist Kirsten Boie.

Sie wohnt in einer großen Stadt.

Erst war sie Lehrerin.

Dann fing sie an, Bücher zu schreiben.

Sie hat zwei Kinder.

Sie hat viele Preise bekommen.

Kirsten Boie (Steckbrief) ☺☺

Lies den Text und ergänze den Steckbrief.

Kirsten Boie wurde 1950 in Hamburg geboren. Dort ging sie zur Schule und studierte an der Universität Deutsch und Englisch. Für ein Jahr ging sie nach England, um dort noch besser Englisch zu lernen.
Von 1978 bis 1983 arbeitete sie als Lehrerin, erst an einem Gymnasium und dann an einer Gesamtschule.
Als sie 1983 ihr erstes Kind adoptierte, verlangte das Jugendamt (das sind die Leute, die bei einer Adoption das Sagen haben), dass sie ihre Arbeit als Lehrerin aufgeben soll. Da fing sie an, Bücher zu schreiben. 1985 adoptierte Kirsten Boie noch ein zweites Kind.
Mittlerweile hat sie über 80 Bücher geschrieben, die in 16 verschiedene Sprachen übersetzt wurden. Klar, dass sie da schon ganz, ganz viele Preise und Auszeichnungen bekommen hat.
Heute lebt sie mit ihrem Mann übrigens immer noch bei Hamburg.

Name: _____

Alter: _____

Erster Beruf: _____

Zweiter Beruf: _____

Anzahl der Kinder: _____

Anzahl der bisher geschriebenen Bücher: _____

Besonderheit(en): _____

Kopiervorlage 12: Aufgabenblatt (Literaturwerkstatt)

Memospiel ☺

Kirsten Boie – Krippenspiel mit Hund	Kirsten Boie · Silke Brix – Prinzessin Rosenblüte	Kirsten Boie – Lena fährt auf Klassenreise
Kirsten Boie · Silke Brix – Linnea rettet Schwarzer Wuschel	Kirsten Boie · Jutta Timm – Nee! sagte die Fee	Kirsten Boie erzählt vom Angsthaben
Kirsten Boie – King-Kong, das Schulschwein	KIRSTEN BOIE – Wir Kinder aus dem Möwenweg	Kirsten Boie – Der durch den Spiegel kommt
KIRSTEN BOIE – Sophies schlimme Briefe	Kirsten Boie – Der kleine Ritter Trenk	Kirsten Boie · Silke Brix – Der kleine Pirat

© Bildungshaus Schulbuchverlage Westermann Schroedel Diesterweg Schöningh Winklers GmbH, Braunschweig 2010, ISBN 978-3-14-163056-5

Memospiel ☺☺

Weil Lisa nicht gut lesen kann, soll sie im Chor singen. Da plant sie ein Krippenspiel mit Hund.	Eine gute Fee wollte die kleine Fee nicht werden, deshalb sagte sie: „Nee!"	Anna sieht in den Spiegel und plötzlich ist sie im Land auf der anderen Seite.
Prinzessin Rosenblüte kommt aus dem Land der Schwäne und landet auf einem Fahrradständer.	Kirsten Boie erzählt von Ängsten, wie sie jeder haben könnte.	Wenn Sophie an ihre Oma Briefe schreibt, schleichen sich schlimme Wörter ein.
Lena fährt auf Klassenreise. Darf ihr alter Kuschelhund Bollermann mit?	King-Kong heißt Jan-Arnes Meerschweinchen. Heute kommt es mit in die Schule.	Trenk wird vom Bauernjungen zum Ritter und zieht gegen den gefährlichen Drachen ins Feld.
Schwarzer Wuschel heißt das Kaninchen, das Linnea und Magnus retten müssen.	Nirgendwo auf der Welt ist es so schön wie im Möwenweg.	Der kleine Pirat beschließt eines Morgens, einmal alles anders zu machen.

Woher kommen die Ideen? ☺

1. Schreibe auf, wobei Kirsten Boie die besten Ideen hat.

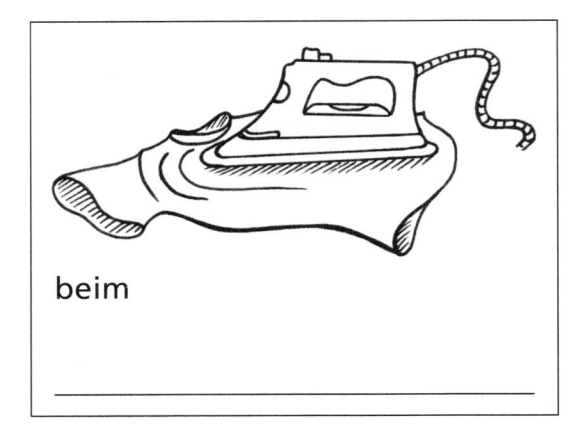

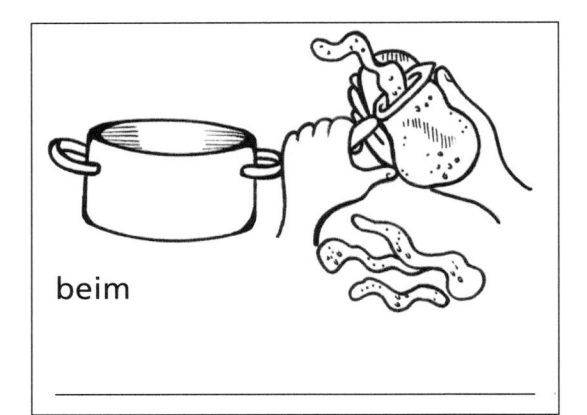

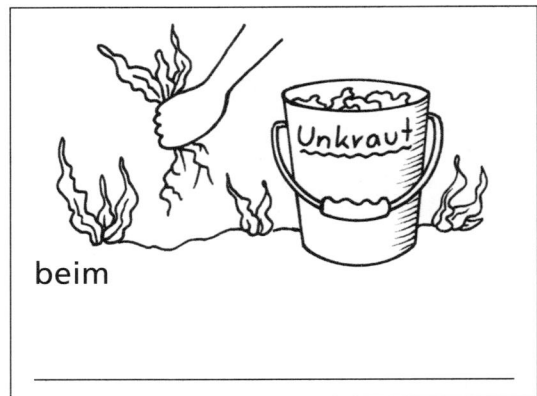

beim _____

beim _____

beim _____

beim _____

beim _____

2. Schreibe eine Geschichte über ein Tier.

Woher kommen die Ideen? 🙂🙂

1. Lies den Text.

Woher die vielen Ideen für ihre Bücher kommen, kann Kirsten Boie oft gar nicht so genau sagen. Meistens kommen sie ganz plötzlich – z. B. beim Abwasch, Bügeln, Unkrautzupfen, Fahrradfahren oder Kartoffelschälen. Bei den „King-Kong-Geschichten" und dem Buch „Lena fährt auf Klassenreise" weiß sie es aber ganz genau.
Die Idee zu „Lena fährt auf Klassenreise" kam ihr, als sie an der Ostsee einen Stein mit einem Loch geschenkt bekam. Sie plante gerade ein neues Lena-Abenteuer und dachte: Genau! Lena fährt auf Klassenreise, findet am Strand einen Stein mit einem Loch und dann …
Kirsten Boies Kinder hatten Meerschweinchen und deshalb kennt sie sich mit diesen Tieren gut aus. Es ist schwierig, über Tiere zu schreiben, die man nicht kennt, aber bei den King-Kong-Büchern konnte sie an die Tiere ihrer Kinder denken.

2. Wann hast du die besten Ideen?

_____

_____

_____

3. Suche dir ein Thema aus und schreibe eine Geschichte dazu.
Es darf auch ein Expertentext sein.

(Piraten)   (Ritter)   (Zeitreise)   (Märchen)

(Urlaub)   (Familie)   (Tiere)

Kirsten Boie und ihre Illustratorin ☺

1. Lies und ergänze den Text.

Das ist _____ .

Sie malt die _____ für viele _____
von Kirsten Boie.

Sie hat Lena, Linnea und _____ gemalt.

| King-Kong |  Bücher |  Bilder |  Silke Brix |

2. Male wie Silke Brix.
- Male Alberts Kopf mit Ohr.
- Male drei Haare.
- Male die Nase.
- Male den Mund und die Augen.

Kirsten Boie und ihre Illustratorin 😊😊

1. Lies und ergänze den Text mit den in Klammern stehenden Wörtern.

Kirsten Boie sagt, dass sie selbst nur ganz schlecht

_____ kann. Wenn sie ihre Geschichten

fertig geschrieben hat, malen _____

die Bilder für ihre Bücher. Eine dieser Illustratorinnen

heißt _____ . Sie hat die Bilder für über 30 Bücher

von Kirsten Boie gemalt. Schau dir z. B. die _____ -,

Lena- oder Linnea-Bücher an. All diese _____ sind

von Silke Brix.

(Illustratoren, zeichnen, Silke Brix, King-Kong, Bilder)

2. Male wie Silke Brix.
- Male zuerst Lenas Kopf. Vergiss das Ohr nicht!
- Lena trägt ein Stirnband.
- Male die Augen. Schau sie dir vorher genau an.
- Male die Nase und den Mund.
- Lena hat Strubbelhaare. Male erst ein paar Strähnen und danach den Rest.

Kopiervorlage 18: Aufgabenblatt (Literaturwerkstatt)

Linnea ☺

1. Lies die beiden Sätze und beschrifte das Bild.

Das sind Linnea,
Erdem
und Mama.

Mama gibt
Erdem
ein Pflaster.
Es ist braun.

2. Welches Pflaster will Linnea? Kreuze an.

3. Male auch ein Kinderpflaster oder bastle dir ein Pflasterleporello.

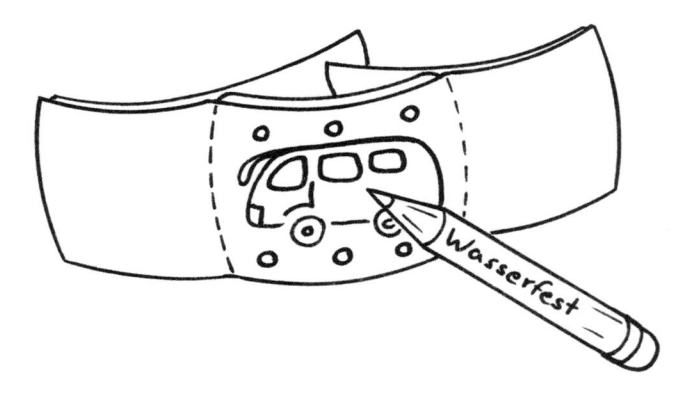

Kopiervorlage 19: Aufgabenblatt (Literaturwerkstatt)

Linnea ☺☺

1. Lies den Text.

Zu Hause guckt Linnea in den Medizinschrank und da ist wirklich noch schrecklich viel Pflaster, langweiliges, altes, braunes. Das reicht bestimmt noch tausend Jahre. Kinderpflaster mit Mickymäusen kriegt Linnea bestimmt erst, wenn sie schon hundert ist. Aber dann passiert etwas richtig Gutes.
Am nächsten Tag, als Linnea mit Erdem aus dem vierten Stock Außerirdische spielt, fällt Erdem hin, richtig doll mitten aufs Knie. Und er schreit und schreit, und als Linnea hinguckt, hat Erdem vielleicht sogar Blut an seinem Knie, ganz echtes Blut.
„Komm mit, Erdem, meine Mama hilft dir!" schreit Linnea. Und dann schleppt sie Erdem die Treppe hoch und klingelt. „Na ja, na ja, na ja", sagt Mama und guckt sich Erdems Knie ganz genau an. „Man könnte vielleicht schon sagen, dass es blutet. Wenn man ganz genau hinguckt, vielleicht." Und dann holt Mama das alte, braune Pflaster aus dem Medizinschrank, schneidet ein Stück ab und klebt es auf Erdems Knie. „Nun ist alles wieder gut", sagt Mama. Und das findet Linnea auch. Wenn noch ein paar Kinder beim Spielen hinfallen, kriegt sie das Kinderpflaster vielleicht doch noch, bevor sie hundert ist.

(aus: Linnea – Allerhand und mehr, S. 55–60)

2. Warum findet es Linnea gut, dass Erdem hinfällt?

_____

_____

3. Bastle ein Kinderpflaster oder ein Pflasterleporello.

Pflasterleporello

Schneide das Pflasterleporello aus und falte es richtig zusammen.

Pflasterleporello

von: _____

Ziehe die Klebestreifen ab.
Fasse dabei nicht in die Mitte.

Klebe das Pflaster locker auf.

Blutet die Fingerkuppe, dann schneide das Pflaster so ein.

Klebe das Pflaster so auf den Finger.

Kopiervorlage 21: Aufgabenblatt (Literaturwerkstatt)

King-Kong ☺

1. Lies die Namen.

K	J	M
Ki	Ja	Mi
Kin	Jan	Mich
King	Jan-A	Michi
King-K	Jan-Ar	
King-Ko	Jan-Arn	
King-Kon	Jan-Arne	
King-Kong		

2. Was sagt Michi?

🦔 🦔 sind blöd, weil _____

_____

_____

3. Wie fühlt sich Jan-Arne?

(wütend)   (traurig)   (sauer)   (neugierig)   (glücklich)

4. Bastle einen King-Kong.

33

King-Kong ☺☺

1. Lies den Text.

„Logisch bist du neidisch, Mensch!", sagt Michi und krault Tarzan am Hals, bis der sich auf den Rücken schmeißt und die Beine in die Luft reckt. „Weil ich einen Hund hab und du nur so ein langweiliges Meerschweinchen!"
„Gar nicht bin ich neidisch!", schreit Jan-Arne. Er würde dem Hund so furchtbar gerne auch mal den Bauch kraulen. Nur ein einziges Mal. „Meerschweinchen sind ja viel besser als Hunde!"
Michi zeigt ihm wieder einen Vogel. „Du hast ja ein Rad ab, Mensch!", sagt er. „Meerschweinchen sind bescheuert! Mit Meerschweinchen kann man ja wohl nicht Fußball spielen, oder? Und wenn einer einbricht, beißen sie den ja wohl nicht ins Bein, oder? Meerschweinchen sind Scheiße", sagt er. Ganz freundlich. „Meerschweinchen können nämlich gar nichts. Meerschweinchen sind bescheuert", und er guckt Jan-Arne an, als ob er darauf wartet, dass der ihm eine reinhaut.

(aus: King-Kong, das Schulschwein, S. 19–20)

2. Warum findet Michi Meerschweinchen bescheuert?

_____

_____

3. Überlege! Welche Vorteile hat ein Meerschweinchen als Haustier?

4. Bastle einen King-Kong.

Kopiervorlage 23: Aufgabenblatt (Literaturwerkstatt)

King-Kong

Bastle einen King-Kong.

Du brauchst:
Pappe, Fellreste, Wackelaugen, Filz (schwarz), Klebstoff

So geht's:
1. Schneide einen Meerschweinchenkörper aus Pappe aus. Du kannst die Vorlage als Schablone nehmen.
2. Beklebe den Körper von beiden Seiten mit Fellresten.
3. Klebe die Wackelaugen auf.
4. Schneide aus Filz eine Nase aus. Aus schwarzem Garn kannst du die Barthaare machen.

Tipp:
Wenn du einen niedrigen Karton oder eine Obstkiste anmalst und mit Heu auspolsterst, hat dein King-Kong einen Stall.

Lena kann nicht gut rechnen ☺

1. Lies die Sätze.

Lena hat viele Fehler.

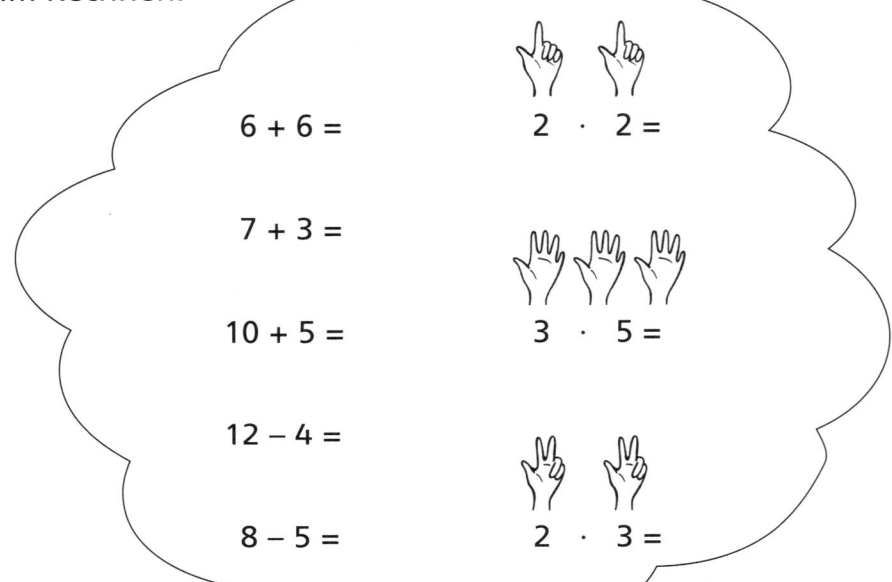

Mama ist böse.

Lena muss üben.

2. Hilf Lena beim Rechnen.

6 + 6 =   2 · 2 =

7 + 3 =

10 + 5 =   3 · 5 =

12 − 4 =

8 − 5 =   2 · 3 =

Lena kann nicht gut rechnen ☺☺

1. Lies den Text.

„Also damit muss jetzt aber Schluss sein!", sagt Mama und lässt sich auf den Küchenstuhl plumpsen.
„Sechzehn Aufgaben falsch von fünfundzwanzig!"
„Ja, leider, Mama", sagt Lena. „Frau Schneider sagt, es war eine schwere Arbeit."
„Schwer!", ruft Mama böse und wedelt mit dem Mathezettel in der Luft herum. „Das kleine Einmaleins! Das habt ihr schon im letzten Jahr gelernt! Und da glaubst du immer noch, drei mal vier ist vierzehn!"
Lena zuckt die Achseln. Drei mal vier und fünf mal sechs und neun mal zwei, das ist ihr alles egal. Später nimmt sie sowieso einen Taschenrechner. Oder sogar einen PC.

(aus: Lena hat nur Fußball im Kopf, S. 5–6)

2. Findest du alle 12 Fehler in Lenas Mathearbeit?

Name: __Lena__

MATHEARBEIT

2 · 3 = 6	5 · 4 = 30	5 · 5 = 55
2 · 5 = 14	5 · 6 = 56	3 · 8 = 32
8 · 7 = 54	9 · 2 = 18	8 · 9 = 64
2 · 2 = 4	2 · 4 = 8	3 · 9 = 27
3 · 3 = 6	6 · 6 = 26	3 · 4 = 15
4 · 4 = 12	7 · 7 = 48	7 · 2 = 14

__6__ von 18 Punkten

12 Fehler – Übe das noch einmal, Lena!

Kopiervorlage 26: Aufgabenblatt (Literaturwerkstatt)

Der Nix ☺

1. Wer sagt was? Verbinde die Sätze mit der richtigen Person.

„Der Nix? Was soll das sein?"

„Ein Nix ist ein Seejungmann."

„Kennst du Nixe?"

„Nein!"

2. Verbinde die Zahlen in der richtigen Reihenfolge.

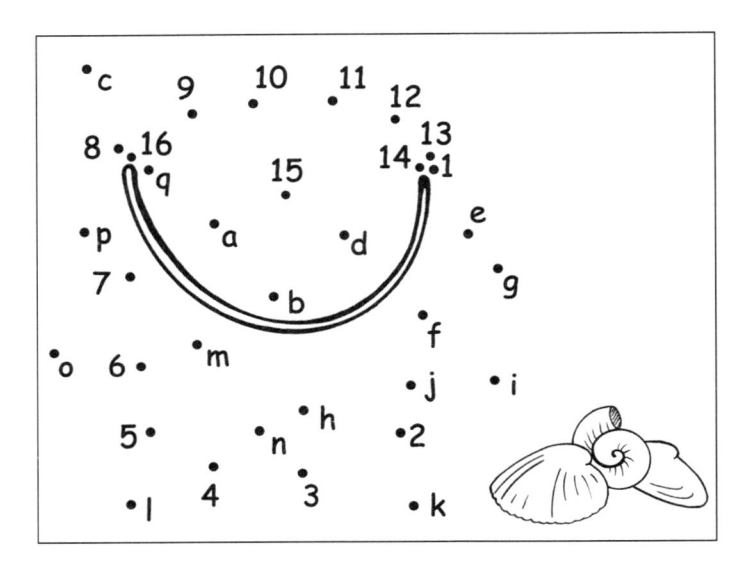

3. Wo ist der Nix?

F	I	X	N	B
L	M	A	X	R
J	I	L	N	I
U	X	Z	I	X
X	N	U	X	I

Der Nix ☺☺

1. Lies den Text.

„Der Nix?", sagt Jonathan verblüfft. „Was soll denn das sein?"

„Was ein Nix ist?", fragt der kleine Mann empört. „Na, nun bitte ich aber! Ein Seejungmann natürlich! Ein kleiner Seejungmann!"

„Was?", flüstert Jonathan. Davon hat er nun wirklich noch nie gehört. Von Seejungfrauen schon, die sind ja ziemlich berühmt. Aber dass es Seejungmänner geben soll, das hat er nicht gewusst.

„Ein Seejungmann!", brüllt der kleine Mann, und nun sieht Jonathan auch, dass er tatsächlich einen Fischschwanz hat, wo eigentlich Beine sein sollten.

„Eine Seejungfrau heißt Nixe!", ruft der Mann. „Ein Seejungmann heißt Nix!"

(aus: Verflixt – ein Nix!, S. 30)

2. Kreuze die richtige Lösung an.

a) Jonathan weiß, was ein Nix ist. ☐

   Jonathan weiß nicht, was ein Nix ist. ☐

b) Ein Nix ist ein Seejungmann. ☐

   Ein Nix ist ein Außerirdischer. ☐

c) Der Nix hat einen Fischschwanz. ☐

   Der Nix hat zwei Beine. ☐

Kopiervorlage 28: Aufgabenblatt (Literaturwerkstatt)

Klar, dass Mama Anna / Ole lieber hat

Schau dir das Buch genau an. Du darfst natürlich auch darin lesen!
Löse das Rätsel. Dann weißt du, wen Mama lieber hat.

LICHT   PUPPE   OLE   PISTOLE   TELLER
RÄUBER   ZETTEL   BETT   PUDDING

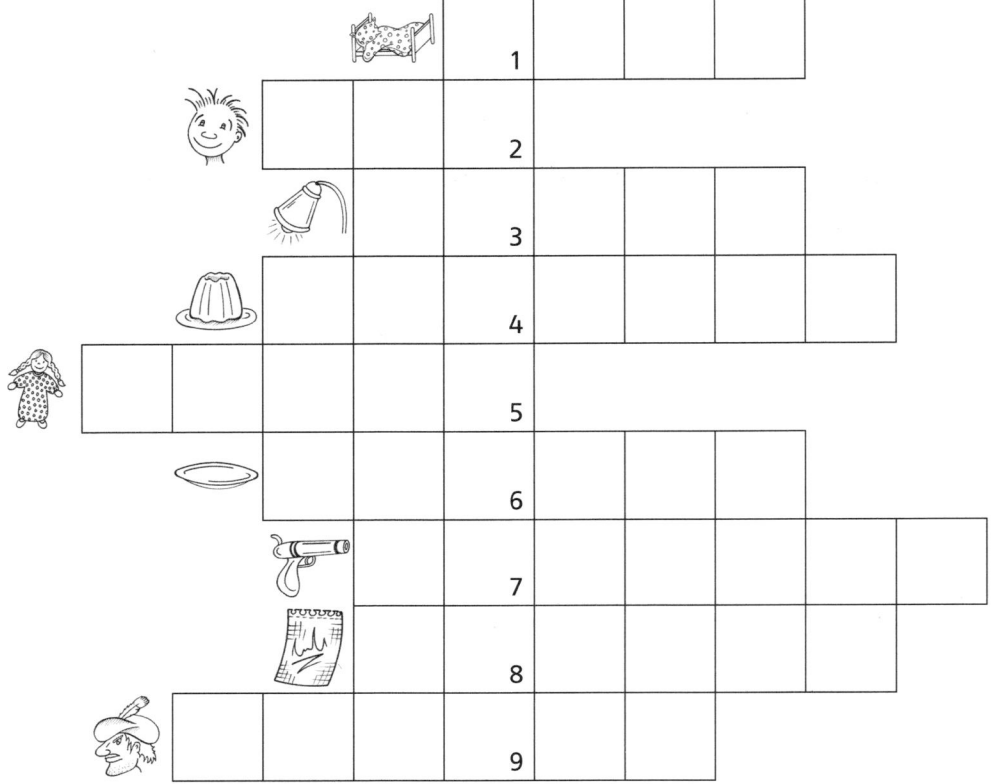

Mama hat ___ ___ ___ ___ ___   ___ ___ ___ ___ .
         1   2   3   4   5   6   7   8   9

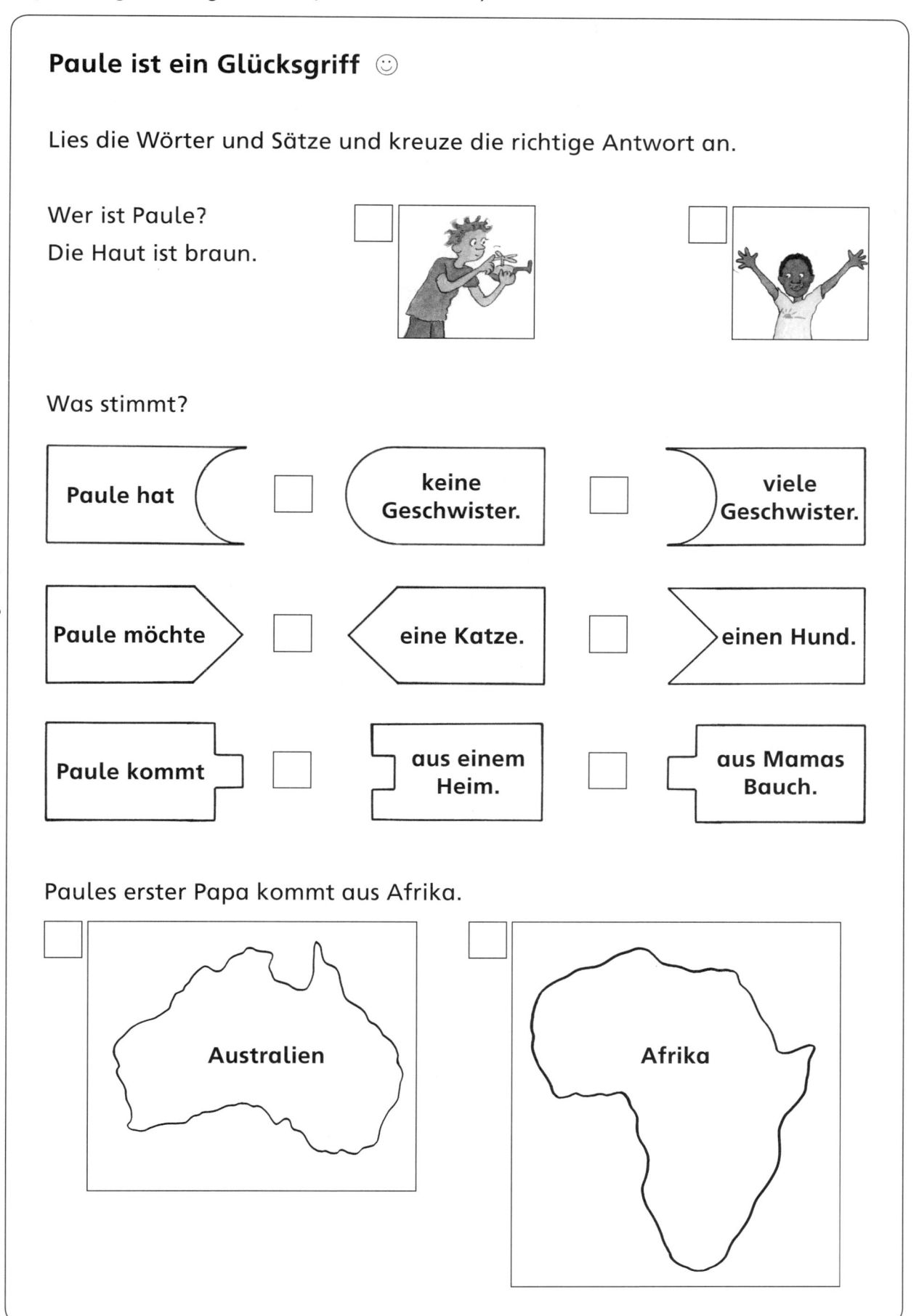

Paule ist ein Glücksgriff ☺

Lies die Wörter und Sätze und kreuze die richtige Antwort an.

Wer ist Paule?
Die Haut ist braun.

Was stimmt?

| Paule hat | ☐ | keine Geschwister. | ☐ | viele Geschwister. |

| Paule möchte | ☐ | eine Katze. | ☐ | einen Hund. |

| Paule kommt | ☐ | aus einem Heim. | ☐ | aus Mamas Bauch. |

Paules erster Papa kommt aus Afrika.

☐ Australien   ☐ Afrika

Paule ist ein Glücksgriff 😊😊

1. Lies den Text.

Bei anderen Kindern ist alles ganz einfach. Sie wachsen bei einer Frau im Bauch, und dann werden sie geboren, und die Frau nimmt sie mit nach Hause, und die ist dann auch ihre Mutter. Und wenn sie Glück haben, sind da meistens auch noch ein Vater und vielleicht auch Geschwister oder ganz vielleicht sogar ein Hund. Bei Paule ist das alles anders. Natürlich hat Paule Mama und Papa. Aber das ist es eben. Sie haben Paule aus einem Heim geholt, als er noch ganz winzig war, nicht aus Mamas Bauch.

Manchmal würde er schon gern wissen, wie die Frau aussieht, in der er gewachsen ist. Natürlich war da auch noch ein erster Vater. Das war ein Student aus Somalia, hat Papa erzählt und ihm Somalia auf dem großen Globus gezeigt. Somalia liegt in Afrika, und deshalb ist Paule so braun.

(aus: Paule ist ein Glücksgriff, S. 7–9)

2. Was ist bei Paule anders?

_____
_____
_____
_____
_____

Die Kinder aus dem Möwenweg ☺

1. Spure richtig nach. Dann weißt du, wer wo wohnt.

Tara   Vincent   Maus   Tieneke   Petja   Fritzi   Jul   Laurin

A   B   C   D   E   F

2. Schreibe die Namen richtig auf.

```
A     T              L     A              T     E   I
                                                         
                     I                                   
                                                         
                           N              
                                                         
R           A        U           R        E   N       E
```

Die Kinder aus dem Möwenweg 😊😊

1. Lies den Text und schreibe auf, welche Kinder wo wohnen.

Ich heiße Tara und bin acht Jahre alt. Wir wohnen im Möwenweg, Mama, Papa und ich. Und natürlich Petja und Maus, das sind meine Brüder. Unser Haus ist Nummer e, das ist vielleicht nicht ganz so gut. Weil neben uns in Nummer d nämlich Voisins wohnen, die haben keine Kinder und sind auch nicht so ganz richtig nett. Auf der anderen Seite (im Endhaus) wohnen Oma und Opa Kleefeld, und die sind besser. Neben Voisins wohnt meine beste Freundin Tieneke, und daneben wohnen Fritzi und Jul. Im anderen Endhaus wohnen Vincent und Laurin mit ihrer Mutter, das sind leider zwei Jungs.

(aus: Sommer im Möwenweg, S. 7 und S. 10–12)

A: _____

B: _____

C: _____

D: _____

E: _____

F: _____

Kopiervorlage 33: Aufgabenblatt (Literaturwerkstatt)

Josef Schaf will auch einen Menschen ☺

1. Lies die beiden Sätze.

Das ist Josef.

Er hat einen Mann mit Hut.

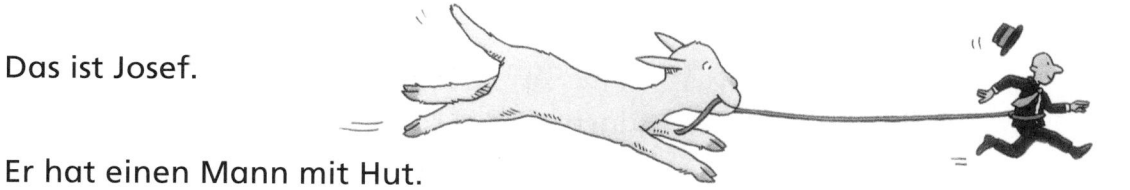

2. Male eine Leine von jedem Tier zu seinem Menschen.

Das <u>Kalb</u> hat einen <u>Schwarzen</u>.

Das <u>Schwein</u> hat einen <u>Chinesen</u>.

Der <u>Hund</u> hat einen <u>Eskimo</u>.

3. Bastle eine Drehscheibe.

<u>So geht's:</u>
a) Schneide aus.
b) Klebe zusammen.
c) Befestige Gummibänder.
d) Lasse kreisen.

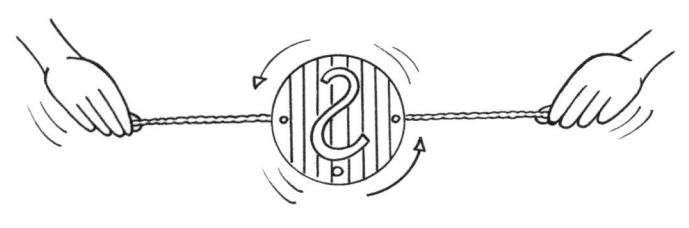

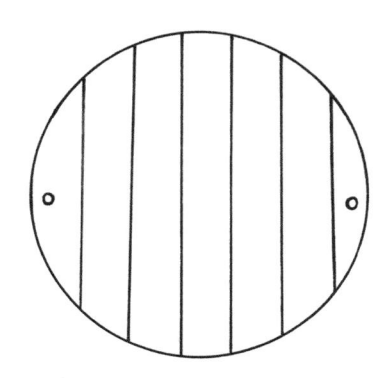

45

Josef Schaf will auch einen Menschen 😊😊

1. Lies den Text.

Und dann kriegt Josef zum Geburtstag doch einen Menschen! Einen ganz, ganz kleinen Weißen kriegt er, der hat einen Anzug an und einen Hut auf dem Kopf, und vielleicht ist er nicht ganz so niedlich wie Heikos Eskimo und wie Caras Schwarzer, aber auf alle Fälle ist er lebendig.

Von jetzt an hat Josef viel zu tun. Immer wenn er nach den Hausaufgaben spielen gehen will, fragt Mama: „Hast du schon deinen Menschen gefüttert?" Und manchmal sagt sie auch: „Der Käfig müsste aber wirklich mal wieder sauber gemacht werden!" Und wenn das Wetter schön ist, will sie, dass Josef den Kleinen aus seinem Käfig holt. „Der möchte sich doch auch mal austoben!", sagt Mama Schaf. „Wozu haben wir dir schließlich die Leine geschenkt!"

(aus: Josef Schaf will auch einen Menschen, o. S.)

2. Was ist lustig an dieser Geschichte?

_____

_____

_____

_____

_____

3. Bastle eine Drehscheibe.

Sophies schlimme Briefe ☺

1. Schreibe die Wörter richtig auf.

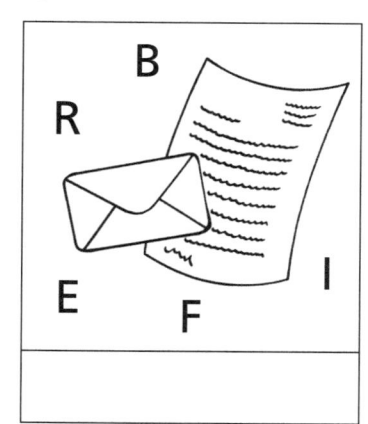

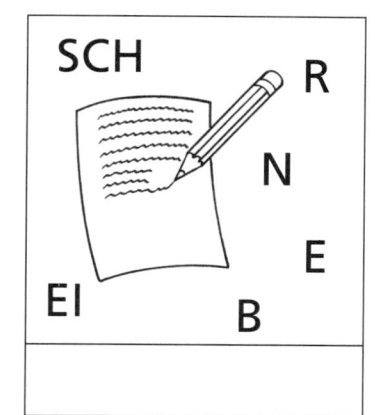

| O A M (Oma) | B R I E F (Brief) | SCH R E I B E N (Schreiben) |

2. Sophie sammelt Wörter für „Pippi machen". Hilf ihr.

> Geheim!
>
> Pippi machen

3. Schreibe einen Brief an deine Oma oder deinen Opa.

Sophies schlimme Briefe 😊😊

1. Lies den Text.

Liebe Omi!
(…)
Und dann hat sie gesagt, sie sagen zu Hause nicht pullern, sondern pieschern.
(Ich schreib es extra klein, liebe Omi, wenn du es nicht so gerne liest.)
Und die Jungs sagen ja immer pinkeln, das weißt du ja wohl, und die großen Jungs sagen ein Wort, das will ich lieber nicht schreiben. Ich schreib es unten in ein Kästchen und du kannst gucken, wenn du willst, aber du brauchst nicht. (Weil es wirklich nicht sehr schön ist.)
Da haben Piesel und ich unter der Tischtennisplatte gesessen, und wo wir doch schon mal angefangen hatten, haben wir weiter überlegt, welche Wörter wir noch kennen. Ich kenne noch Pippi machen und Piesel kannte ein komisches, das wird dich freuen, das heißt lull-lull. Da haben wir uns fast totgelacht.
Wir haben gedacht, man könnte alle Leute fragen, welche sie kennen, und dann könnten wir eine Liste schreiben. Aber so eine Liste ist ja wirklich nicht schön, liebe Omi, und darum müsste man sie auch verstecken. Und das wäre doch gut in unserem Geheimversteck. Piesel findet das auch, aber wir wissen nicht so genau, ob es nicht doch zu ungezogen ist.

(aus: Sophies schlimme Briefe, S. 64–66)

2. Wie viele Wörter fallen dir für „Pippi machen" ein?
Schreibe auch eine Liste.

3. Nimm dir einen Briefbogen und schreibe einen Brief an deine Oma oder deinen Opa.

Kopiervorlage 37: Briefbogen (Literaturwerkstatt)

Der kleine Ritter Trenk – Hosentaschenbuch ☺

Bastle zuerst ein Hosentaschenbuch.
Lies danach den Text und klebe die Bilder richtig auf.

Hosentaschenbuch

„Der kleine Ritter Trenk"

von: _____

Das ist Trenk.

T
Tr
Tre
Tren
Trenk ①

Trenk will Ritter werden.

R
Ri
Rit
Ritt
Ritte
Ritter ②

Er zieht mit Schweinchen los.

Sch
Schw
Schwei
Schwein
Schweinch
Schweinche
Schweinchen ③

Er findet Freunde.

F
Fr
Freu
Freun
Freund
Freunde ④

Er trifft einen Drachen.

D
Dr
Dra
Drach
Drache
Drachen ⑤

Kopiervorlage 38b: Aufgabenblatt (Literaturwerkstatt)

Schnippelseite

Kopiervorlage 39a: Aufgabenblatt (Literaturwerkstatt)

Der kleine Ritter Trenk – Hosentaschenbuch ☺☺

Bastle ein Hosentaschenbuch.
Lies dann die Geschichte und klebe die Textpassagen richtig auf.

Hosentaschenbuch

„Der kleine Ritter Trenk"

von: _____

Trenk lebte vor langer, langer Zeit. Trenks Vater war ein leibeigener Bauer. Leibeigen bedeutet, dass nicht nur das Ackerland und das Vieh, sondern auch die Bauern selbst …

①

Trenk mit seiner Schwester Mia-Mina.

②

Trenk und seine Familie hatten ein erbärmliches Leben und mussten oft hungern. Als der Ritter wieder einmal besonders …

③

Und so brach Trenk mit seinem Ferkelchen auf. Nach einiger Zeit traf er …

④

Trenk mit dem Gauklerjungen Momme Mumm.

⑤

© Bildungshaus Schulbuchverlage Westermann Schroedel Diesterweg Schöningh Winklers GmbH, Braunschweig 2010, ISBN 978-3-14-163056-5

52

Mit einem Schauspiel wollen sie Geld verdienen: Trenk und ... ⑥	So funktioniert der Trick: Trenk gab den Leuten im Kopf Nummern. Hatte der Bürgermeister den Mann mit der Nummer 1 gewählt, dann rief Momme Mumm nur ein Wort (z. B. „Kommt!"). Hatte der Bürgermeister den Mann mit der Nummer 2 gewählt, rief er zwei Wörter usw. ⑦
In der Stadt fand Momme Mumm seine Gauklertruppe wieder und Trenk zog alleine weiter. Da traf ... ⑧	Trenk trifft Dietz von Durgelstein mit seinem ängstlichen Sohn Zink. ⑨
Eigentlich wollte der Ritter seinen Sohn zu Hans vom Hohenlob bringen. Der war Zinks ... ⑩	Aber Zink gefiel dieser Plan gar nicht. Er befürchtete, dass er später gegen einen Drachen kämpfen müsse. Da hatten ... ⑪

Kopiervorlage 39c: Aufgabenblatt (Literaturwerkstatt)

| Trenk und Zink tauschten die Rollen. Und der Plan … ⑫ | Auf der Burg angekommen, erlebte Trenk viele Abenteuer und begegnete tatsächlich einem Drachen.

Wenn du jetzt neugierig geworden bist, kannst du in Kirsten Boies Buch die ganze Geschichte lesen. ⑬ |

… einem Ritter gehörten.

… Momme Mumm. Er gehörte zu einer Gauklergruppe.

… er auf den Ritter Dietz von Durgelstein und seinen Sohn Zink.

… Dietz von Durgelstein und Trenk plötzlich eine gute Idee.

… gemein war, beschloss Trenk, in die Stadt zu ziehen.

… Ferkelchen konnten trotz verbundener Augen sagen, wem der Bürgermeister die Hand geschüttelt hatte.

… Onkel. Er sollte den Ritterjungen zum echten Ritter ausbilden.

… klappte sogar, weil der Ritteronkel seinen Neffen vorher noch nie gesehen hatte.

Werkstattzeugnis

für: _____

Du hast _____ von _____ Aufgaben bearbeitet.

Von den _____ Pflichtaufgaben hast du _____ bearbeitet.

	super	**gut**	**noch o. k.**	**Daran musst du arbeiten!**
Arbeitstempo				
Sorgfältiges Arbeiten				
Konzentriertes Arbeiten				
Selbstständiges Arbeiten				
Zusammenarbeit mit anderen Kindern				

_____ _____
Datum   Unterschrift

Kirsten Boie –
Eine der bekanntesten deutschen Schriftstellerinnen

Kirsten Boie ist eine der bekanntesten deutschen
Kinder- und Jugendbuchautorinnen.

Bis jetzt hat sie über 80 Bücher geschrieben,
die auch in viele andere Sprachen übersetzt wurden.

Für ihre tollen Geschichten bekam sie viele Preise
und Auszeichnungen.

Als Kirsten Boie noch ein Kind war ...

Kirsten Boie wurde 1950 in Hamburg geboren.

Schon mit fünf Jahren hat sie erste kleine Geschichten geschrieben.

Besonders gern las sie die Bücher von Astrid Lindgren.

Eine Zeit lang mochte sie auch die Geschichten von Enid Blyton, und da ganz besonders die „Fünf Freunde" und die „Abenteuerserie".

Wie Kirsten Boie zum Bücherschreiben kam

Obwohl Kirsten Boie als Kind und Jugendliche immerzu Geschichten schrieb, wurde sie nicht sofort Schriftstellerin. Nach dem Studium arbeitete sie zuerst als Lehrerin.

Dass sie mit dem Bücherschreiben anfing, war eigentlich ein Zufall. Als sie ihr erstes Kind adoptierte, verlangte das Jugendamt, dass sie ihre Arbeit als Lehrerin aufgeben soll. Da fiel ihr ein, welchen Spaß ihr das Geschichtenschreiben immer gemacht hatte und sie begann, ihr erstes Buch zu schreiben.

Dies ist Kirsten Boies erstes Buch.

Kirsten Boies Arbeitsplatz

Als Kirsten Boies Kinder noch klein waren, schrieb sie ihre Bücher am Küchentisch.
Vielleicht fällt ihr deshalb auch heute noch am Esstisch besonders viel ein.

Kirsten Boie und ihre Kinder

Kirsten Boie hat zwei Kinder. Einen Sohn und eine Tochter.

Als Kirsten Boie mit dem Bücherschreiben anfing,
war ihr Sohn ungefähr sechs Monate alt.

Kirsten Boies Kinder hatten Meerschweinchen.
Deshalb konnte sie in den King-Kong-Büchern auch
gut über diese Tiere schreiben.

Kirsten Boie – Eine Schriftstellerin aus Hamburg

Kirsten Boie ist in Hamburg geboren.

In dieser Stadt ging sie zur Schule. Außerdem studierte sie hier und arbeitete dort auch als Lehrerin.

Heute lebt sie mit ihrem Mann ganz in der Nähe von Hamburg.

Hamburg

Wo wohnt ihr?

Kirsten Boie – Eine vielseitige Schriftstellerin

Kirsten Boie schreibt ganz unterschiedliche Bücher.

Mal für ganz kleine Kinder, die selbst noch gar nicht lesen können. Mal für Grundschulkinder und auch für Jugendliche, die schon ganz dicke Bücher lesen.

Kirsten Boies Bücher wurden in 16 Sprachen übersetzt.

Linnea-Lexikon

Bastle zuerst das Lexikon. Lies danach den Text.

Linnea-Lexikon

von: _____

A wie Anna

Das ist Linneas große Schwester. Anna ist fast elf Jahre alt und manchmal ganz schön nervig.

F wie fünf

Linnea ist schon fast fünf. Sie ist also sechs Jahre jünger als Anna. Und wie viele Jahre bist du älter als Linnea?

H wie Hund

Ist der Hund neben dem Supermarkt wirklich ein Waisenhund? Linnea bindet ihn los.

K wie Kaninchen

Schwarzer Wuschel heißt das Kaninchen, das Linnea und Magnus retten, bevor es vielleicht geschlachtet wird.

L wie Linni

Linni ist Linneas Puppe. Male Linni.

M wie Magnus

So heißt Linneas großer Bruder.
Er ist schon sieben.

N wie Nilpferd

So heißt Linneas Gruppe im Kindergarten.
Male das Türschild der Gruppe.

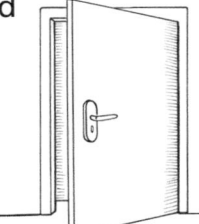

P wie Papa

Linneas Papa wohnt mit seiner neuen Freundin in Bremen. Anna, Magnus und Linnea besuchen ihn dort manchmal.
Schaue auf der Karte nach, wo Bremen liegt.

Pf wie Pflaster

Linnea muss sich mächtig anstrengen, damit Mama die Mickymauspflaster kauft.
Male ein Kinderpflaster.

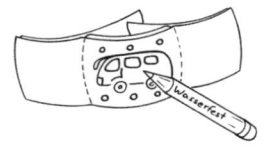

R wie Regen

Linnea liebt Regentage.
Male, wie Linnea in eine Pfütze springt.

S wie Sperrmüll

Auf den Sperrmüll schmeißt Mama die dicke Milchmieken. Aber Linnea rettet die Stoffkuh.

T wie Tante Sophie

Auf Tante Sophies Hochzeit
ist Linneas Kleid zerrissen.
Male das kaputte Kleid.

V wie verloren

Zum Glück geht Linnea
beim Einkauf
mit Papa
nur ein
bisschen
verloren.

W wie Weihnachtsmann

Der arbeitet im Rathaus.
Das hat Linnea entdeckt.

Z wie Zauberdose

Die Zauberdose bekommt
Magnus von Papa.
Finde heraus, was wirklich
darin ist.

Bohne

Linnea klaut Magnus die Zauberdose

1. Lies den Text.

Danach sitzen sie zu viert am Küchentisch, Mama und Anna und Linnea und Magnus, und vor ihnen liegt eine Zeitung, darauf stehen drei kleine Blumentöpfe. „Na bitte", sagt Mama. „Ganz wunderbar. Die stellst du dir jetzt auf die Fensterbank, Magnus. Und spätestens in drei Tagen kommt das erste Keimblatt. So einfach ist das."

So kannst du deine eigene Bohnenpflanze ziehen:

Nimm einen Topf mit Erde, stecke eine Bohne hinein und halte die Erde feucht. Wenn du gerade keinen Topf oder keine Erde hast, kannst du auch einfach Watte auf einen Teller legen, die Bohne hineindrücken und das Ganze anfeuchten.

Aber nach einiger Zeit musst du die Pflanze dann doch in einen Topf pflanzen, sonst stirbt sie, bevor sie richtig groß geworden ist! Schon nach ein paar Tagen kommt die erste Blattspitze aus der Erde.

Wenn du die Bohne gerade richtig gießt – nicht zu viel und nicht zu wenig –, wird die Pflanze so groß, dass du schon bald einen Stab in den Topf stecken musst, an dem deine Pflanze hochranken kann.

(aus: Linnea – Allerhand und mehr, S. 149–150 und S. 152–154)

2. Probiere auch aus, eine Bohnenpflanze zu ziehen. Verwende den Beobachtungsbogen.

Beobachtungsbogen

Beobachte deine eingepflanzte Bohne und schreibe auf, wenn sich etwas verändert. Mache kleine Skizzen.

Datum	So sieht die Bohne aus:

Mehr über King-Kong

Drehe das Arbeitsblatt um und schreibe alle King-Kong-Titel auf.

King-Kong, das _____ schwein

King-Kong, das _____ schwein

King-Kong, das _____ schwein

King-Kong, das _____ schwein

King-Kong, das _____ schwein

King-Kong, das _____ schwein

King-Kong im Internet

Versuche im Internet herauszubekommen, wie viele King-Kong-Geschichten es gibt und schreibe auf, wie die Bücher heißen.

So geht's:
a) Schalte den Computer ein.
b) Starte das Internetprogramm.
c) Klicke mit der Maus in das Adressfeld.
d) Tippe www.oetinger.de ein und drücke die Eingabetaste (↵). Vergiss die Punkte nicht.
e) Klicke nun mit der Maus das Feld „Zur Titelsuche" an.
f) Tippe nun *King-Kong, das* in das Feld „Titel" ein, wähle weiter unten als Verlag „Verlag Friedrich Oetinger" aus und drücke dann die Eingabetaste.
g) Jetzt werden dir alle King-Kong-Bücher gezeigt, wenn du nach unten blätterst.

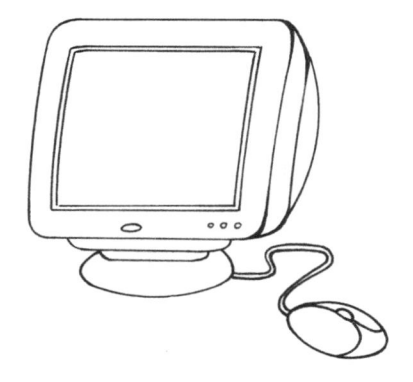

Es gibt _____ King-Kong-Bücher. Sie heißen:

_____

_____

_____

_____

_____

_____

King-Kongs Artgenossen

Woher kommt der Name „Meerschweinchen"?

Ursprünglich stammen Meerschweinchen aus Südamerika. Von dort gelangten sie mit Schiffen über das Meer nach Europa. Weil ihr Quieken an das von Schweinen erinnert, sie aber viel kleiner sind, wurden sie „Meerschweinchen" genannt.

1. Beschrifte die Abbildung.

2. Schreibe auf, was Meerschweinchen essen.

_____
_____
_____

3. Schreibe auf, was man alles für ein Meerschweinchen braucht.

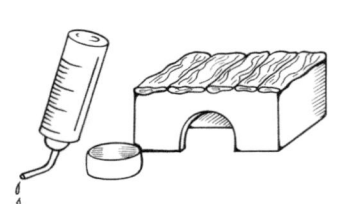

_____
_____
_____
_____

Lenas Mittagessen

1. Lies den Text.

„Und darum muss ich jetzt alles alleine machen", sagt
Lena, als die erste Stunde vorbei ist und Frau Schröder
aus der Klasse gegangen ist. „Kochen und alles, und ich darf nicht
vergessen, den Herd auszumachen und so. Ich bin jetzt drei Tage verantwortlich und der Chef, sagt Mama." „Geil!", sagt Katrin und guckt
Lena ein bisschen neidisch an. „Und dein Vater macht gar nichts?"
Gerade will Lena überlegen, was sie dazu sagen soll, da fällt ihr etwas
ein. „Du kannst aber heute nach der Schule gerne mit zu mir kommen",
sagt sie großzügig. „Dann koch ich für dich mit."
Leider hat Mama heute Morgen schon gleich den Gefrierbeutel mit der
Eins drauf für Lena aus dem Gefrierschrank genommen.
Gemüseeintopf, das ist längst nicht so lecker wie Ravioli. Aber wenn
Lena nach Hause kommt, ist der Eintopf bestimmt schon aufgetaut,
da muss sie ihn ja essen. Darum ist es doch gut, wenn Katrin mitisst.
Die schafft sicher die Hälfte davon.
„Ich kann noch Kartoffelbrei dazumachen", sagt Lena. Wenn Ina will,
kann sie meinetwegen auch bei uns mitessen. Dann koch ich auch noch
Ravioli, dann reicht es für drei."

(aus: Lena hat eine Tierkümmerbande, S. 12–13 und S. 15)

2. Kocht wie Lena Ravioli mit Kartoffelbrei.

<u>Ihr braucht:</u>

eine Dose Ravioli, eine Tüte Fertig-Kartoffelbrei, Wasser, etwas Butter,
etwas Milch

<u>So geht's:</u>

Lest euch auf der Ravioli-Dose und der Verpackung für den Kartoffelbrei ganz genau die Kochanleitung durch.

Lena-Rätsel

Was gehört zu keinem Lena-Buch? Streiche durch.

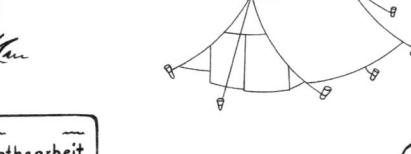

Lena hat nur Fußball im Kopf 😊

1. Schreibe die Sätze richtig auf.

schimpft. _____

ist traurig. _____

Sie darf nicht . _____

Sie muss . _____

2. Spielt „Zielschießen".

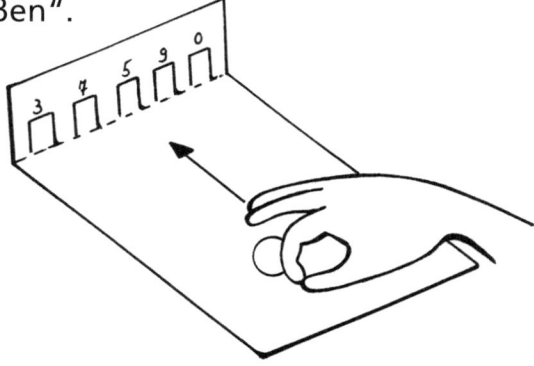

Kopiervorlage 57: Aufgabenblatt (Ergänzungsmaterial)

Lena hat nur Fußball im Kopf ☺☺

1. Lies den Text.

„Zum Training?", schreit Mama. „Wo du Mathe üben sollst? Wo die letzten drei Arbeiten schon so schlecht waren? Aber du denkst natürlich immer nur an Fußball!"
Mama springt auf. „Das wird jetzt mal anders, mein Kind!", ruft sie und fast wäre der Schreibtisch unter ihr umgekippt. „Jetzt wirst du mal lernen, was wichtig ist! Der Fußball wird bis Weihnachten auf dich verzichten müssen! Du denkst ja sonst an nichts anderes mehr!"
Und Mama geht aus dem Zimmer und knallt die Tür hinter sich zu.

(aus: Lena hat nur Fußball im Kopf, S. 12)

2. Mit dem Spiel „Zielschießen" macht Mathe üben Spaß.
Probiere es mit einem anderen Kind einmal aus.

Spielanleitung:
- Schreibe über jedes Tor eine Zahl.
- Schneide die Tore vorsichtig heraus und klappe die Torleiste an der durchgezogenen Linie hoch.
- Lege den Ball (eine kleine Kugel) auf den schwarzen Punkt und schnippe ihn zweimal durch die Tore.
- Trage deine Torzahlen in der Tabelle ein und rechne.
- Nun ist das andere Kind dran.
- Wer am Ende die höhere Punktzahl hat, darf den Fußball hinter der Aufgabe anmalen.

Kopiervorlage 58: Aufgabenblatt (Ergänzungsmaterial)

Mathe üben durch Zielschießen

Spieler 1				Spieler 2			
+	=	⚽		+	=	⚽	
+	=	⚽		+	=	⚽	
+	=	⚽		+	=	⚽	
+	=	⚽		+	=	⚽	

Kopiervorlage 59: Aufgabenblatt (Ergänzungsmaterial)

Wen hat Mama lieber? ☺

1. Lies und ergänze den Text.

Das ist Anna.

Anna ist fast _____.

Anna ist _____ auf Ole.

Mama hält immer zu _____.

Ole kriegt mehr _____.

(sieben, böse, Ole, Pudding)

2. Male Ole zu Anna.

Wen hat Mama lieber? ☺

1. Lies und ergänze den Text.

Das ist Ole.

Ole ist fast _____.

Ole ist _____ auf Anna.

Mama hält immer zu _____.

Anna kriegt mehr _____.

(vier, böse, Anna, Pudding)

2. Male Anna zu Ole.

76

Kopiervorlage 60: Aufgabenblatt (Ergänzungsmaterial)

Wen hat Mama lieber? ☺☺

1. Lies den Text.

Und mit Ole schimpft Mama gar nicht! Mit Ole schimpft sie kein einziges Wort und daran sieht man doch mal, dass sie Ole viel lieber hat als Anna. Das weiß Anna sowieso schon lange, weil Mama Ole immer mehr Pudding auf den Teller tut als Anna, immer, auch wenn sie sagt, es ist ganz genau gleich. Aber Anna kann ja wohl sehen, was mehr ist! Und wenn Anna um acht Uhr ins Bett muss, muss Ole auch erst um acht, und dabei ist er drei Jahre jünger, und als Anna noch nicht mal vier war, musste sie immer schon um sieben ins Bett.

(aus: Klar, dass Mama Anna/Ole lieber hat, o. S.)

2. Kannst du Annas Ärger verstehen? Begründe.

___

Wen hat Mama lieber? ☺☺

1. Lies den Text.

Aber natürlich nimmt Mama wieder Anna in Schutz und nie beschützt sie Ole. Da ist es ja klar, dass Mama Anna lieber hat als ihn, und das hat Ole schon immer gewusst. Weil Mama Anna immer mehr Pudding auf den Teller tut als Ole, immer, auch wenn sie sagt, es ist ganz genau gleich. Aber Ole kann ja wohl sehen, was mehr ist! Und manchmal, wenn Ole schon ins Bett muss, darf Anna noch bei Mama sitzen und mit ihr Sachen bereden über die Schule und dabei muss sie doch morgens genauso früh aufstehen wie er!

(aus: Klar, dass Mama Anna/Ole lieber hat, o. S.)

2. Kannst du Ole verstehen? Begründe

Reimen mit dem Nix ☺

1. Lies die Sätze und male, was im Bild fehlt.

Ahh, jetzt kann ich normal reden.

Wenn kein Wasser rauscht,
ist der Nix unsichtbar.

Dann spricht er in Reimen.

Sonst redet er normal.

2. Finde Reimwörter.

schnell _____   Ostsee _____

Nix _____   Dose _____

Fisch _____   Hand _____

Schwamm _____   geben _____

3. Spielt das Nix-Spiel.

Ihr braucht zwei Eimer. Füllt einen Eimer mit Wasser. Nun schüttet ein Kind das Wasser langsam in den leeren Eimer. Solange das Wassergeräusch zu hören ist, dürfen sich die Kinder im Klassenraum frei bewegen. Hört man kein Rauschen mehr, müssen sich alle „unsichtbar" machen, d. h., sich gut verstecken. Wer dafür am längsten braucht, gießt als nächstes das Wasser.

Reimen mit dem Nix 😊😊

1. Lies den Text.

Der Nix war ein kleiner Seejungmann, der war ungefähr so groß wie eine Thermoskanne, und ziemlich unfreundlich war er auch. Und außerdem war er meistens unsichtbar, nur bei Wasserrauschen tauchte er plötzlich auf; aber hören konnte man ihn die ganze Zeit, und leider hat er immer so komisch in Reimen gesprochen, wenn er unsichtbar war.

Und dann musste der Nix sich auch noch ausgerechnet in Jonathans Klassenlehrerin verlieben, und dabei hat die nicht mal geglaubt, dass es Nixe überhaupt gibt. Kein Wunder, wenn der Nix doch immer unsichtbar war! Aber deswegen hat es eben im letzten Sommer ganz viel Ärger gegeben, für Jonathan und für Leo auch; und darum wollte Jonathan den Nix dann auch unbedingt ganz schnell wieder an die Ostsee zurückbringen, und dabei hat ihm Hilary zum Glück geholfen.

(aus: Wieder Nix!, S. 35–36)

2. Denke dir Sätze mit passenden Reimwörtern aus.

Der Nix ist zurück _____

Und wieder will er sich verlieben _____

Macht Jonathan das Leben schwer _____

3. Wassergeräusche für den Nix

Ihr braucht ein Aufnahmegerät. Dann könnt ihr versuchen, möglichst viele verschiedene Wassergeräusche aufzunehmen (z. B.: Klospülung, Wasser, das in ein Glas geschüttet wird, …).

Kopiervorlage 63: Aufgabenblatt (Ergänzungsmaterial)

Paule ist ein Glücksgriff ☺

Willst du mehr über Paule wissen?
Spure nach und lies die Sätze.

Paules Freund	eine Schwester und ein 🐹 .
Paule geht schon	heißt Andreas.
Paule bekommt	Geburtstag und Ankunftstag.
Paule feiert	zur Schule.
Paule übt nicht	für das Diktat.

Paule ist ein Glücksgriff 😊😊

Willst du mehr über Paule erfahren?
Lies die Textabschnitte und gib Nummern
in der richtigen Reihenfolge.

◯ haben. Geschenke bekommt Paule am Ankunftstag eigentlich nicht. Nur Opa vergisst das immer wieder und bringt Paule etwas mit. Seit Sommer geht Paule zur Schule. Als zu Weihnachten ein Krippenspiel aufgeführt werden soll, sucht sich Paule die Rolle des Engels Gabriel aus.

◯ ein bisschen aus und baut einen Staudamm. Paule wünscht sich Geschwister. Aber keine ältere Schwester und auch kein Baby. Das kennt er beides von Andreas. Mama und Papa sollen einen

① Paule feiert nicht nur Geburtstag, sondern auch Ankunftstag. Das ist der Tag, an dem Mama und Papa ihn als Baby aus einem Heim geholt

◯ Das gibt aber mächtig Ärger. Gibt es denn überhaupt Engel mit brauner Haut? Paules bester Freund heißt Andreas. Mit ihm spielt Paule Fußball, geht mit ihm zusammen ins Einkaufszentrum, reißt

◯ nicht einmal laufen und sprechen kann. Und am Ankunftstag bringt Opa etwas Lebendiges mit. Ein Hund ist es nicht. Aber so schlimm ist das am Ende ja gar nicht.

◯ Bruder für Paule aus dem Heim holen. Einen Bruder mit dem er Fußball spielen kann. Und doch kommt alles ganz anders. Paules Familie bekommt die kleine Ulla, die noch

Paule zum Nachdenken

Lies die Texte und beantworte die Fragen.

Paule fragt sich, ob er ein Ausländer ist. Er hat zwar einen deutschen Pass, aber Viktor sagt, dass es keine „deutschen Neger" gibt.

1) Was haltet ihr von Viktors Meinung?
2) Wie fühlt sich Paule wohl, wenn er so etwas hört?

An der Wand des Einkaufszentrums steht „Ausländer raus".

1) Warum sagt Opa, dass das eine Sauerei ist?
2) Wie viele Kinder aus eurer Klasse kommen aus einem anderen Land? Was ist gut daran?

Viktors Mama behauptet, Paules erste Mutter ist eine schlechte Frau und keine gute Mutter.
Sie sagt: „Eine richtige Mutter gibt ihr Kind nicht weg, lieber ist sie tot."

1) Überlegt einmal, welche Situationen es geben kann, in denen eine Mutter ihr Kind doch abgibt.
2) Ist eine solche Mutter automatisch eine schlechte Mutter. Wie seht ihr das?

Paule denkt über Stiefmütter nach.

1) Ist Paules Mama eine Stiefmutter?
2) Sind echte Stiefmütter wirklich so böse wie die im Märchen? Was meint ihr?

Der kleine Ritter Trenk – Wörterschlüssel

Im Buch „Der kleine Ritter Trenk" kommen einige mittelalterliche Wörter vor, die du vielleicht nicht kennst. Mit diesen Wörterschlüsseln kannst du schnell herausfinden, was sie bedeuten.

Schlüssel: Köhler, Wams, Büttel, Minne, Page, Leibeigen

Dies ist ein altes Wort für Liebe. Liebeslieder über Ritter und Burgfräulein waren zu Trenks Zeiten sehr beliebt.

Diese Menschen ließen Holz zu Kohle verglimmen. Weil die Arbeit schmutzig war, sahen sie meist dreckig und gefährlich aus.

Seine Aufgabe war es, Bauern, die dem Grundherrn nicht genügend Korn, Fleisch und Gemüse ablieferten, zur Bestrafung abzuholen.

Diese Bauern gehörten einem Ritter, mussten für ihn arbeiten und durften von ihm auch bestraft werden.

So wurden Rittersöhne genannt, die mit etwa sieben Jahren auf eine andere Burg kamen und dort zum Ritter ausgebildet wurden.

Dies ist ein altes Wort für Jacke.

Kopiervorlage 67: Aufgabenblatt (Ergänzungsmaterial)

Was war zuerst da?

Was war zuerst da, Ei oder Huhn?
Eine kleine Henne zieht hinaus in die Welt,
um eine Antwort auf diese Frage zu finden.

1. Überlegt gemeinsam, was zuerst da war.
   Kann man diese Frage überhaupt beantworten?

2. Auf ihrer Reise trifft die kleine Henne einen höflichen, kleinen Hahn.
   Falte die beiden, klebe sie auf und male das Bild fertig.
   Aus einem kleineren Papier kannst du auch noch das wundervolle
   Küken falten, das aus dem Ei der Henne schlüpft.

So geht's:

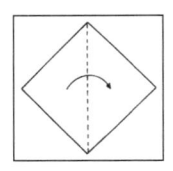

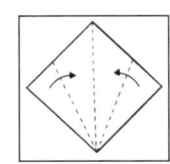

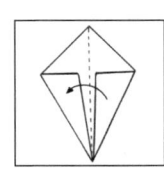

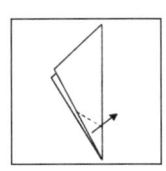

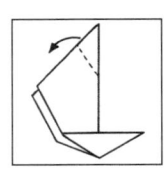

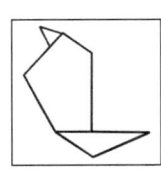

Tipp:
Besonders schön wird dein Bild, wenn du die Füße und Hahnenkämme
aus buntem Papier ausschneidest.

Kopiervorlage 68: Aufgabenblatt (Ergänzungsmaterial)

Prinzessin Rosenblüte ☺

Das ist Emma.
Emma hilft Rosi.

Das ist Rosi.
Rosi ist eine Prinzessin.

1. Lies die Sätze und male Rosis  🔍-Bild.

Rosis 👑 ist schief.

Das 👗 ist schmutzig.

Die 🧑‍🦱 sind zerwuselt.

Rosi heult. 💧

Im Gesicht ist  🍓 Marmelade.

85

Kopiervorlage 69: Aufgabenblatt (Ergänzungsmaterial)

Prinzessin Rosenblüte ☺☺

1. Lies den Text und male Rosis Spiegelbild.

Als wir fertig waren, hab ich sie zu unserem großen Flurspiegel geschleppt und da hat sie dann fast wieder angefangen zu heulen. Das muss man schon sagen, Prinzessinnen heulen offenbar ziemlich viel, und das ist wirklich sehr anstrengend. Aber sie hat auch schrecklich zerwuselt ausgesehen, die Haare waren aus ihrer bildschönen Aufsteckfrisur gerutscht und hingen in unordentlichen Strähnen unter der Krone heraus und ihr Gesicht war ganz verschmiert und verschwollen von Tränen und Putzwasser und Marmelade.

Aber das Allerschlimmste war eben ihr Kleid. Ich glaube nicht, dass da noch viel zu retten war. Je teurer der Stoff, desto schwerer ist er sauber zu kriegen, sagt Mama immer.

(aus: Prinzessin Rosenblüte, S. 54)

2. Rosi ist eine Prinzessin aus einem Märchenland.
   Suche dir eine Märchenfigur aus.
   Schreibe eine Geschichte darüber, wie du dieser Figur eines Tages begegnest.
   Worüber redet ihr?
   Was erlebt ihr zusammen?

- Hänsel und Gretel
- Dornröschen
- Aschenputtel
- Der Froschkönig
- Der gestiefelte Kater

Kopiervorlage 70: Aufgabenblatt (Ergänzungsmaterial)

Prinzessin Rosenblüte ☺

Ordne den Bildern die Wörter zu.

| Rosis Papa | Rosis Diener | Rosis Fee |
| Land der Schwäne | Rosi mit Emma | Rosi mit Ludwig |

Auch in Märchen kann einiges schief laufen ... ☺☺

In der zweiten Geschichte von Prinzessin Rosenblüte erzählen einige Märchenfiguren, wie es ihnen ergangen ist. Erkennst du, welche Märchen hier gemeint sind?

„Ich war ein Frosch und als die Prinzessin ihre Kugel im Brunnen verloren hatte, habe ich sie wieder herausgeholt. Später wurde ich von der Prinzessin an die Wand geklatscht, bin zu einem Prinzen geworden und musste sie heiraten. Aber kann sich einer vorstellen, wie blöd das Leben mit einer Frau ist, die ihre Versprechen nicht hält und vor Wut immer alles an die Wand pfeffert? Da wäre ich lieber ein Frosch geblieben."

„‚Ach wie gut, dass niemand weiß ...'
Seit meine Geschichte in vielen Märchenbüchern steht, weiß natürlich jedes Kind meinen Namen. Deshalb habe ich mir jetzt einen neuen Namen zulegen müssen.
Den sage ich aber besser nur ganz leise: Eberhard Schulze."

„Geboren wurde ich als Prinz. Doch dann hat mich ein Zwerg in einen Bären verwandelt. Zum Glück traf ich zwei Schwestern, die mich an ihrem warmen Ofen schlafen ließen. Als der Zwerg tot war, musste ich natürlich eine der Schwestern heiraten (mein Bruder heiratete die andere). Ihre beiden Rosenbäumchen haben wir mitgenommen. Aber leider wohnt nun auch noch meine Schwiegermutter auf dem Schloss und vermiest mir die Abende. Und meine Frau ist ein richtiger Putzteufel."

Kopiervorlage 72: Aufgabenblatt (Ergänzungsmaterial)

Der durch den Spiegel kommt

Lies den Text und male ein Bild dazu.

Hier stand ich auf einer weiten Wiese in der Abenddämmerung, und wo gerade noch unsere Hochhäuser gestanden hatten, war jetzt nichts als freies Feld, und wo sonst die Autos auf der breiten Straße durch unsere Siedlung brausten, gab es jetzt nur einen kleinen Feldweg. Und weit, weit am Horizont haben ein paar goldene Lichter geblinkt wie erleuchtete Fenster in einem Dorf.

(aus: Der durch den Spiegel kommt, S. 23 und S. 29)

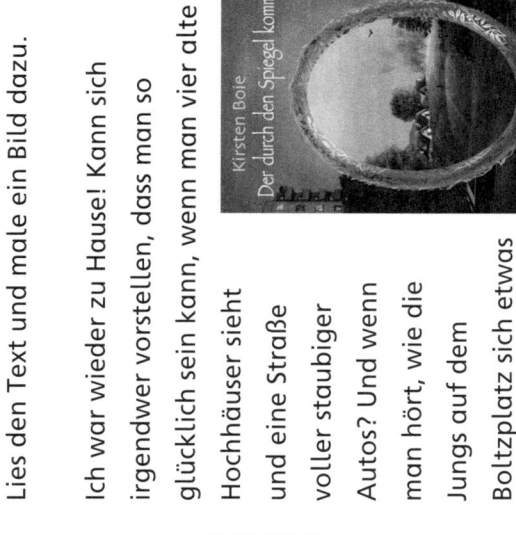

Klebe hier Spiegelpappe ein.

Lies den Text und male ein Bild dazu.

Ich war wieder zu Hause! Kann sich irgendwer vorstellen, dass man so glücklich sein kann, wenn man vier alte Hochhäuser sieht und eine Straße voller staubiger Autos? Und wenn man hört, wie die Jungs auf dem Boltzplatz sich etwas zubrüllen?

(aus: Der durch den Spiegel kommt, S. 26)

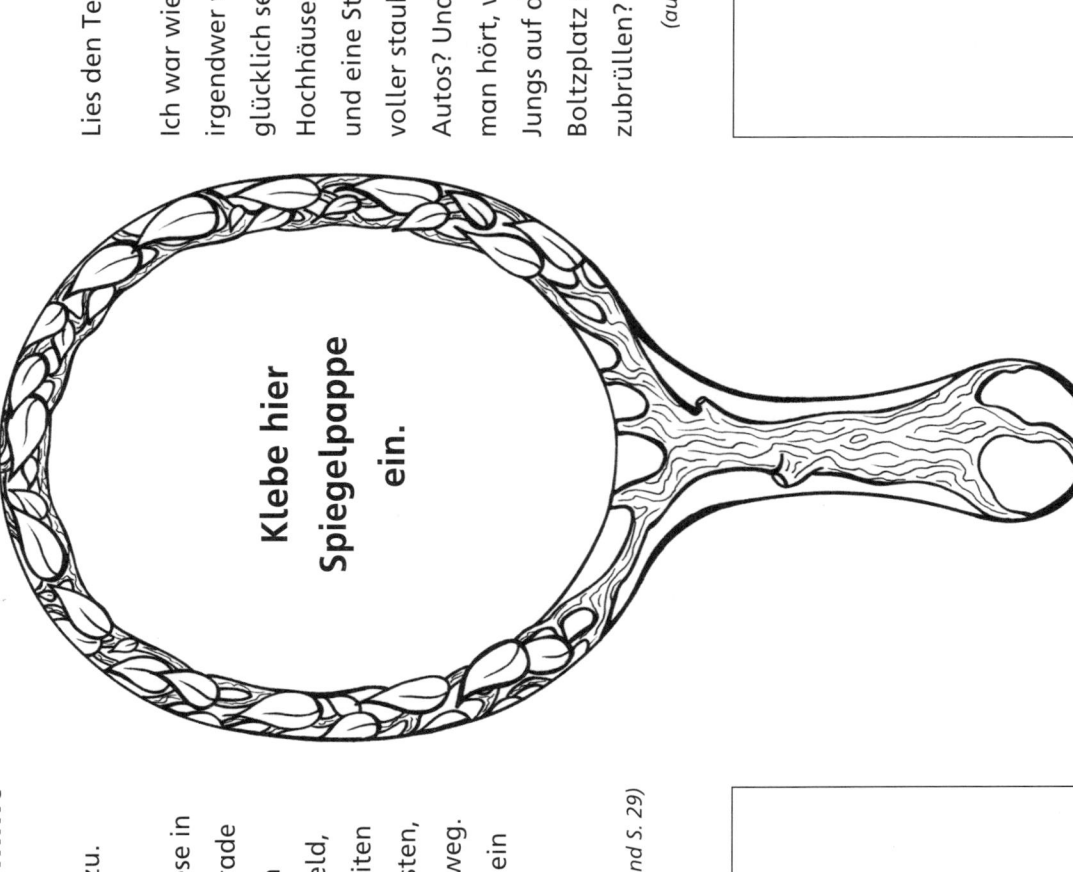

Schiffszwieback für Seeräuber-Moses

1. Lies den Text.

Darum wollte Moses eines Tages schließlich gar nicht mehr essen, noch nicht mal den Schiffszwieback, den sie unter Deck in einer Tonne verwahrten; aber wenn du gesehen hättest, wie viele Käfer und anderes Ungeziefer es sich längst darin gemütlich gemacht hatten und blitzschnell ans Tageslicht krabbelten, kaum war der Deckel von der Tonne gehoben, dann würdest du verstehen, warum Moses vom Zwieback auch nicht begeistert war.

„Nee, du, Marten Smutje, dein Zwieback ist wohl auch nichts für unsere Moses!", sagte Haken-Fiete kummervoll. Er selbst aß wie all die anderen Seeräuber auch seinen Zwieback immer nur unter Deck im dunklen Laderaum, damit er nicht sehen musste, wie viel Krabbeliges er dabei gleich mit verschluckte.

(aus: Seeräuber-Moses, S. 36)

2. Backe Schiffszwieback.

Du brauchst:
450g Vollkornmehl, ½ Teelöffel Salz, Wasser

So geht's:
a) Gib das Mehl und Salz in eine Schüssel. Schütte langsam kaltes Wasser hinzu (bitte nicht zu viel!) und knete daraus einen Teig.
b) Lasse den Teig 30 Minuten stehen.
c) Rolle ihn dann dünn auf einem gefetteten Backblech aus.
d) Schneide den Teig in kleine Stücke.
e) Backe den Zwieback bei 215° etwa 30 Minuten.

Buchtipp

von: _____

Titel des Buches: _____

Hauptperson(en): _____

Das Buch hat _____ Seiten.

Das Buch hat mir gefallen, weil _____

_____

_____

_____

Darum geht's: _____

_____

_____

_____

Das Buch ist für:

☐ Jungen   ☐ Mädchen   ☐ alle Kinder

Kirsten Boies Arbeitsmorgen ☺

1. Lies die Textabschnitte und gib Nummern in der richtigen Reihenfolge.

○ Manchmal findet sie dabei noch Fehler. Die werden verbessert.

○ Zum Schluss beantwortet sie die Post, die sie von Kindern bekommen hat.

○ Nun schreibt sie die Geschichte weiter.

○ Um sieben oder acht Uhr beginnt sie mit der Arbeit.

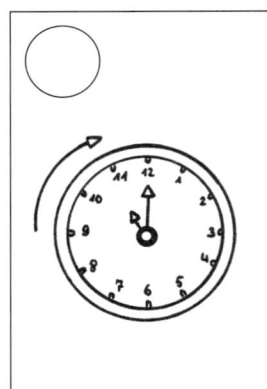

○ Nach drei bis vier Stunden hört sie mit dem Schreiben auf.

○ Zuerst liest sie, was sie schon geschrieben hat.

2. Beim Schreiben trinkt sie gerne Tee.
Koche dir auch eine Tasse Tee.

Kirsten Boies Arbeitsmorgen 😊😊

Lies den Text und beantworte die Fragen.

Morgens zwischen sieben und acht – wenn ihre Familie aus dem Haus gegangen ist – beginnt Kirsten Boie mit ihrer Arbeit. Früher, als ihre Kinder noch klein waren und sie noch kein eigenes Arbeitszimmer hatte, schrieb sie ihre Bücher mit der Hand am Küchentisch und musste dann alles noch einmal abtippen.

Heute schreibt sie nur noch ihre ersten Ideen und die vielen Notizen mit der Hand. (Das macht sie übrigens immer noch am liebsten an einem Esstisch.) Ist der Plan zu einem Buch erst einmal fertig, setzt sie sich heute an ihren Schreibtisch und schreibt die Geschichte direkt mit dem Laptop.

Jeden Tag schreibt sie dann ein paar Seiten. Natürlich liest sie dabei auch immer wieder, was sie schon geschrieben hat und verbessert den Text dann oft noch einmal.

Nach ungefähr drei bis vier Stunden Arbeit nimmt sich Kirsten Boie dann ihre Post vor und beantwortet die vielen Briefe, die sie von Kindern bekommt.

a) Wann beginnt Kirsten Boie mit der Arbeit? _____

b) An welchem Tisch fällt Kirsten Boie am meisten ein?

_____

c) Warum schreibt Kirsten Boie ihre Bücher heute wohl nicht mehr mit der Hand vor?

_____

Ganz schön viel Arbeit

Früher schrieb Kirsten Boie ihre Geschichten mit der Hand. Dann musste sie sich noch einmal hinsetzen und alles ordentlich mit dem Computer abtippen. Das war ganz schön viel Arbeit. Und wenn sie vorher mit ihrer Schnellschrift geschrieben hatte, war das Abschreiben manchmal auch etwas schwierig.

Hier ist ein kleiner Text von Kirsten Boie. Tippe ihn mit dem Computer ab.

> **Der kleine Ritter Trenk**
>
> 1. Kapitel, in dem erzählt wird, wer Trenk ist.
>
> Jetzt will ich vom kleinen Ritter Trenk vom Tausendschlag erzählen, der so tapfer war und so schlau und außerdem auch noch so nett, dass er berühmt wurde von den Bergen bis zum Meer, und das war damals fast die ganze Welt, musst du bedenken, weil Amerika ja noch nicht entdeckt war.

Kopiervorlage 78a: Mitmachbuch (Ergänzungsmaterial)

Info-Mitmachbuch

Kirsten Boie

von: _____

Kirsten Boies erste Geschichten

Schon mit fünf Jahren hat Kirsten Boie ihre ersten beiden Geschichten auf Butterbrotpapier geschrieben. Sie hießen „GISULA UNT DER BRANT" und „GISULA BEI DIN TIREN".

1. Hast du gemerkt, dass in den Titeln kleine Fehler stecken? Kannst du sie richtig aufschreiben?

   _____

   _____

2. Mache es wie Kirsten Boie und nimm dir ein Stück Butterbrotpapier. Wähle einen der beiden Titel aus und erfinde dazu eine eigene kurze Geschichte.

1

Kopiervorlage 78b: Mitmachbuch (Ergänzungsmaterial)

Klebe hier deine Butterbrotpapiergeschichte ein.

2

Kirsten Boies erstes Buch

Erst mit 34 Jahren fing Kirsten Boie an, Bücher zu schreiben. Das war im Jahr 1985. Ihr eigentlicher Beruf war damals Lehrerin. Aber als sie ihr erstes Kind adoptierte, wollten die Leute vom Jugendamt, dass sie zu Hause blieb. Da fielen ihr die ersten Sätze für ihr erstes Buch ein. Es heißt „Paule ist ein Glücksgriff" und ist eine Adoptionsgeschichte.

1. Seit wie vielen Jahren schreibt Kirsten Boie Bücher?

_____

2. Lies den Klappentext von „Paule ist ein Glücksgriff" und kreuze an, was stimmt.

☐ Paule ist ein Baby.   ☐ Paule geht zur Schule.

3

Kopiervorlage 78c: Mitmachbuch (Ergänzungsmaterial)

Kirsten Boie – Eine begeisterte Leserin

Den Beruf einer Schriftstellerin kann man nicht lernen, sagt Kirsten Boie. Das allerwichtigste ist aber, dass man selbst ganz, ganz viel liest und auch als Kind schon viel gelesen hat.

Teste, ob du ein großer Leser bzw. eine große Leserin bist. Fülle dafür den Fragebogen aus und zähle die Punkte zusammen.
Bei Frage c darfst du auch mehrere Kreuze machen.

Auswertung:
10 Punkte und mehr: Super, du bist eine echte Leseratte.
6 bis 10 Punkte: Lesen macht dir Spaß, aber du hast noch andere Hobbys.
5 Punkte und weniger: Lesen magst du nicht besonders.

---

a) Liest du gerade ein Buch?

☐ ja (3 Punkte) ☐ nein (1 Punkt)

b) Wie oft liest du?

☐ täglich (4 Punkte) ☐ 1–2 mal die Woche (2 Punkte)
☐ manchmal (2 Punkte)

c) Warum liest du?

☐ Weil es mir Spaß macht. (3 Punkte)
☐ Weil ich es für die Schule muss. (1 Punkt)
☐ Weil ich Interessantes erfahre. (2 Punkte)
☐ Weil ich da richtig abtauchen kann. (4 Punkte)
☐ Weil meine Eltern es wollen. (1 Punkt)
☐ Weil ich Bücher toll finde. (3 Punkte)

Gesamtpunktzahl: _____

Kopiervorlage 78d: Mitmachbuch (Ergänzungsmaterial)

Wie Kirsten Boie ein neues Buch beginnt

Zuerst denkt sie viel nach. Dann schreibt sie Stichwörter auf und macht sich einen ersten Plan für das Buch. Manchmal muss sie recherchieren, d. h. in Büchern lesen oder sich im Internet schlau machen.
Und dann wartet sie einfach ab, bis ihr eines Tages die ersten Sätze einfallen.

1. Jetzt sollst du recherchieren.

   a) Finde heraus, wie viele King-Kong-Geschichten es gibt.

   _____

   b) Finde heraus, wie Lenas beste Freundin heißt.

   _____

   6

2. Versuche einmal, selber Schreibideen zu finden.
   Sammle deine Gedanken zu einem Thema, das dir gefällt.

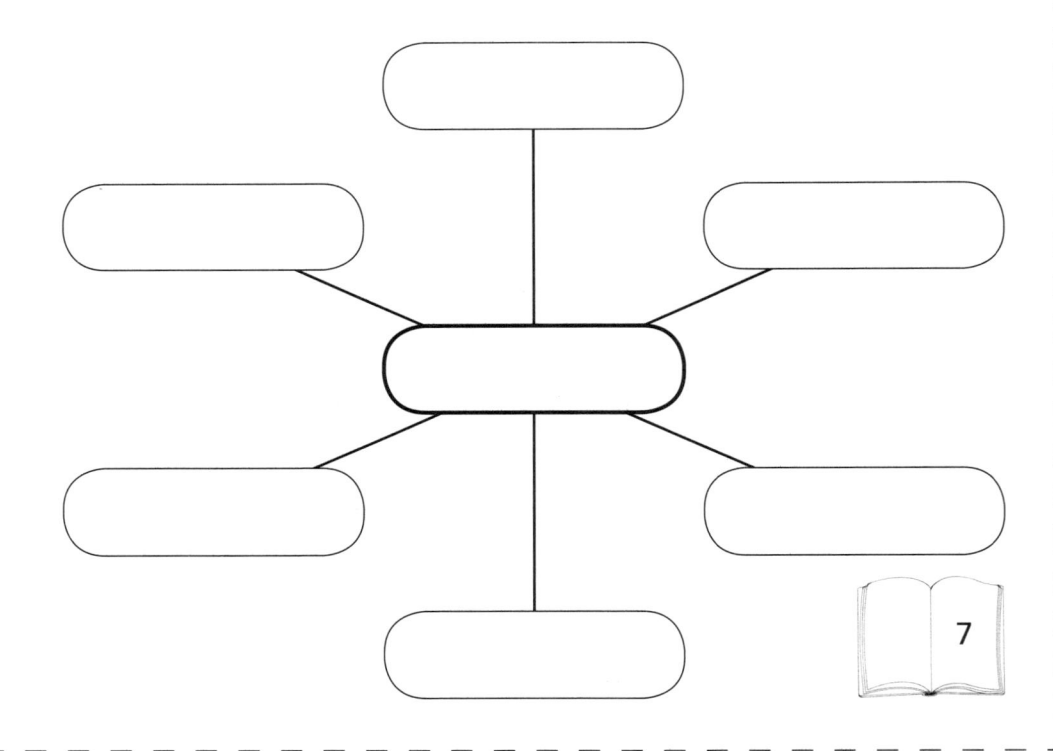

   7

Wenn Kirsten Boie keine Lust hat

Jeden Morgen zwischen sieben und acht setzt sich Kirsten Boie an ihren Schreibtisch und arbeitet bis ungefähr zum Mittag. Natürlich ist sie auch mal schlecht gelaunt und hat dann keine Lust zu schreiben. Dann setzt sie sich aber trotzdem hin, liest, was sie am Vortag geschrieben hat, und bekommt dann fast immer doch Lust, weiterzumachen. Und fällt ihr einmal gar nichts ein, setzt sie Kartoffeln auf oder räumt etwas im Keller auf.

Kennst du das auch? Hattest du auch schon einmal zu etwas gar keine Lust, das dir dann – als du doch damit angefangen hast – Spaß gemacht hat. Erzähle!

Das fertige Buch

Besonders toll findet es Kirsten Boie, wenn der Postbote an der Haustür klingelt und ihr das allererste fertig gedruckte Exemplar ihres Buches bringt. Dann lässt sie alles stehen und liegen und schaut sich das fertige Buch genau an. Nun ist aus ihrem PC-Text ein fertig gedrucktes Buch mit vielen schönen Bildern geworden.

Gestalte ein Titelbild für ein selbst erfundenes King-Kong-Buch.

King-Kong, das _____schwein

Kopiervorlage 79a: Mitmachbuch (Ergänzungsmaterial)

Mitmachbuch

„Kann doch jeder sein, wie er will"

[Buchcover: Sonne, Mond und Sterne – 2./3. Klasse – Kirsten Boie: Kann doch jeder sein, wie er will – Oetinger]

von: _____

Mädchen oder Junge?

1. Was glaubst du? Ist Robin ein Mädchen oder ein Junge?

_____

2. Kreise alle Mädchennamen rot und alle Jungennamen blau ein. Gibt es Namen, die für ein Mädchen und einen Jungen gehen? Kreise diese grün ein.

   Jennifer   Caroline   Alex
           Dominic
                                     Felix
   Kai   Robin   Peter
                                    Dirk
            Maria
                                                           Alice
   Klaus   Katrin

1

Brieffreundschaft

So geht's:
1. Schreibt eure Namen auf kleine Zettel und werft diese alle in einen Korb.
2. Mischt die Zettel gut durch.
3. Nun darf jedes Kind einen Zettel ziehen und dem Kind, dessen Namen auf dem Zettel steht einen netten Brief schreiben.

Tipp:
Vielleicht habt ihr ja auch Lust, einen Klassenbriefkasten aufzustellen. Dann könnt ihr euch öfter schreiben.

2

Steckbrief

Fülle deinen Steckbrief aus.

Steckbrief von _____

Alter: _____

Hobbys: _____

Fan von: _____

Lieblingsessen: _____

Lieblingsfarbe: _____

Haustiere: _____

Geschwister: _____

3

Kopiervorlage 79c: Mitmachbuch (Ergänzungsmaterial)

Typisch Junge / Typisch Mädchen – Hobbys

Sammelt an der Tafel möglichst viele Hobbys.

Ergänze die Tabelle.

Mögen eher Mädchen	Mögen eher Jungen	Mögen beide gleich gern

Welche Hobbys findest du toll?

_____

4

Verkleidung

Male Kleidung oder klebe sie aus Stoffresten auf. Verkleide dabei aber den Jungen als Mädchen und das Mädchen als Jungen.

5

Klassenumfrage

Wie sieht es in deiner Klasse aus?

1. Anzahl der Mädchen, die Fußball mögen: _____

Anzahl der Jungen, die Fußball mögen: _____

2. Anzahl der Mädchen, die gerne reiten würden: _____

Anzahl der Jungen, die gerne reiten würden: _____

3. Die häufigste Lieblingsfarbe der Jungen ist: _____

Die häufigste Lieblingsfarbe der Mädchen ist: _____

4. Anzahl der Mädchen, die schon einmal in einem Elektronikkatalog geblättert haben: _____

Anzahl der Jungen, die schon einmal in einem Elektronikkatalog geblättert haben: _____

6

Besuch von einem Mädchen / Besuch von einem Jungen

Kannst du Robin und Alex verstehen? Wie fändest du es, wenn dich ein fremdes Mädchen oder ein fremder Junge besuchen würde? Was wäre dir lieber? Warum?

_____

_____

_____

_____

_____

7

Kopiervorlage 79e: Mitmachbuch (Ergänzungsmaterial)

Typisch Junge / Typisch Mädchen – Spielzeug

Ordne das Spielzeug Jungen und Mädchen zu. Kreise ein.

Jungenspielzeug: blau
Mädchenspielzeug: rot
mögen beide: grün

Puppen
Kaufladen
Gummitwist
Autos
Experimentierkasten
Computerspiele
Verkleidungskiste
Wasserpistole
Stofftiere
Teddybären
Bausteine
Ritterburg

Welche sind deine drei Lieblingsspielsachen?

_____

_____

8

Mädchen sein ist toll – Junge sein aber auch

Finde für beide Seiten Argumente.

Ein Mädchen zu sein ist gut, weil …

Ein Junge zu sein ist gut, weil …

9

104

Kopiervorlage 79f: Mitmachbuch (Ergänzungsmaterial)

Finde ich gut / finde ich blöd

Kreuze an und finde noch eigene Dinge.

	finde ich gut 😊	finde ich blöd ☹	geht so 😐
Autorennen			
Haargel			
schön schreiben			
Mathematik			
Geschwister			
Karten spielen			

10

Junge oder Mädchen?

1. Schau dir das Foto genau an. Ist es ein Mädchen oder ein Junge? Sind alle Kinder in deiner Klasse derselben Meinung?

2. Dir begegnet ein fremdes Kind. An welchen Dingen erkennst du meist sofort, dass es ein Mädchen oder ein Junge ist?

_____

_____

_____

_____

11

Kopiervorlage 79g: Mitmachbuch (Ergänzungsmaterial)

Kniffel

Bildet gemischte 4er-Gruppen (das heißt mit Mädchen und Jungen) und spielt eine Runde Kniffel.

Namen der Kinder:

_____

_____

_____

_____

		1	2	3	4
⚀⚀⚀	Nur Einser zählen				
⚁⚁⚁	Nur Zweier zählen				
⚂⚂⚂	Nur Dreier zählen				
⚃⚃⚃	Nur Vierer zählen				
⚄⚄⚄	Nur Fünfer zählen				
⚅⚅⚅	Nur Sechser zählen				
Gesamt					
Bonus bei 63+	35 Punkte				
Summe 1					
Dreierpasch	Alle Augen zählen				
Viererpasch	Alle Augen zählen				
Full House	25 Punkte				
Kleine Straße	30 Punkte				
Große Straße	40 Punkte				
Kniffel	50 Punkte				
Chance	Alle Augen zählen				
Summe 2					
Summe 1					
Endsumme					

Gewonnen hat:

_____

12

Buchkritik

1. Wie hat dir das Buch gefallen?

☐ sehr gut ☐ gut

☐ Ich kenne bessere Bücher. ☐ überhaupt nicht

2. Wie haben dir die Bilder gefallen?

☐ gut ☐ geht so ☐ gar nicht

3. Fandest du das Buch eher

☐ lustig ☐ interessant ☐ langweilig

4. Würdest du das Buch anderen Kindern empfehlen?

☐ ja ☐ nein

5. Gib dem Buch eine Note von 1 (sehr gut) bis 6 (ungenügend): _____

13

Quartett

Spielanleitung:
- Das Spiel ist für zwei bis drei Kinder.
- Mischt die Karten und verteilt sie gerecht. Bei drei mitspielenden Kindern hat ein Kind eine Karte weniger. Dieses Kind darf beginnen.
- Nehmt die Karten gefächert in die Hand, aber so, dass die anderen die Bilder nicht sehen können.
- Nun wird der Reihe nach eine Karte vom rechten Nachbarn gezogen.
- Wer vier Karten einer Sorte hat, also zum Beispiel alle vier King-Kong-Karten, darf diese zur Seite legen.
- Gewonnen hat das Kind, das die meisten Vierer ablegen konnte.

Kopiervorlage 80b: Spiel (Ergänzungsmaterial)

A1 — Kirsten Boie: King-Kong, das Geheimschwein

A2 — Kirsten Boie: King-Kong, das Liebesschwein

A3 — Kirsten Boie: King-Kong, das Schulschwein

A4 — Kirsten Boie: King-Kong, das Reiseschwein

Kopiervorlage 80c: Spiel (Ergänzungsmaterial)

B1
Sonne, Mond und Sterne 
Kirsten Boie
Lena wünscht sich auch ein Handy
Oetinger

B2
Sonne, Mond und Sterne 
Kirsten Boie
Zum Glück hat Lena die Zahnspange vergessen
Oetinger

B3
Sonne, Mond und Sterne 
Kirsten Boie
Lena möchte immer reiten
Oetinger

B4
Sonne, Mond und Sterne 
Kirsten Boie
Lena zeltet Samstagnacht
Die farbige Oetinger KINDERBUCH-Reihe

109

Kopiervorlage 80d: Spiel (Ergänzungsmaterial)

C1	C2
KIRSTEN BOIE — Wir Kinder aus dem Möwenweg	**KIRSTEN BOIE — Sommer im Möwenweg**
KIRSTEN BOIE — Geburtstag im Möwenweg	**KIRSTEN BOIE — Weihnachten im Möwenweg**
C3	C4

110

Kopiervorlage 80e: Spiel (Ergänzungsmaterial)

D1 — Silke Brix · Kirsten Boie — Albert geht schlafen (Oetinger)

D2 — Silke Brix · Kirsten Boie — Albert ist eine Katze (Oetinger)

D3 — Silke Brix · Kirsten Boie — Albert macht Quatsch (Oetinger)

D4 — Silke Brix · Kirsten Boie — Albert spielt Verstecken (Oetinger)

Kopiervorlage 80f: Spiel (Ergänzungsmaterial)

E1 — Kirsten Boie · Silke Brix-Henker: *Linnea geht nur ein bisschen verloren* (Oetinger)

E2 — Kirsten Boie · Silke Brix: *Linnea macht Sachen* (Oetinger)

E3 — Kirsten Boie: *Krippenspiel mit Hund* (omnibus)

E4 — Laterne, Laterne — Kirsten Boie · Silke Brix: *Linnea will Pflaster* (Oetinger)

Kopiervorlage 81a: Spiel (Ergänzungsmaterial)

Das Spiel vom kleinen Piraten

Ihr braucht:
einen Spielplan, 2–3 Spielfiguren (so viele Kinder können nämlich mitspielen), Ereigniskarten, 15 bunte Glassteine, einen Spielwürfel

Vorbereitung:
1. Stellt den Spielwürfel her.
2. Legt die Ereigniskarten mit dem Text nach unten auf das Feld des Spielplans.
3. Verteilt die Glassteine auf den Feldern des Spielplans. Dies sind die Juwelen, die ihr erbeuten sollt.
4. Stellt eure Spielfiguren auf das Startfeld.

Spielanleitung:
- Einigt euch, wer beginnen darf.
- Würfelt der Reihe nach und setzt eure Spielfiguren je nach gewürfelter Augenzahl weiter. Ob ihr nach rechts oder nach links lauft, könnt ihr bei jedem Würfeln neu entscheiden.
- Landet eine Spielfigur auf einem Feld, auf dem ein Glasstein liegt, darf das Kind diesen Schatz wegnehmen.
- Wenn ein Kind fünf Glassteine gesammelt hat, macht es sich schnell auf den Weg zum Ziel. Wer dort nämlich mit seinen fünf Steinen ankommt, hat das Spiel gewonnen.
- Aber Achtung: Wer das Bild des kleinen Piraten würfelt, muss eine Ereigniskarte ziehen und laut vorlesen. Dabei kann noch einiges passieren.

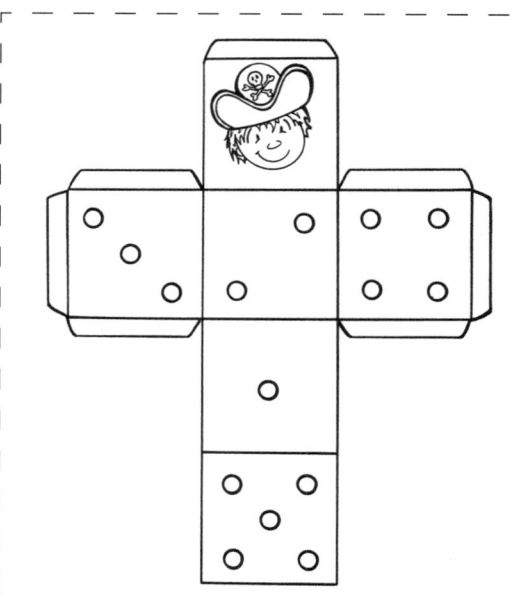

→ Schneide aus!
→ Knicke!
→ Klebe zusammen!

Kopiervorlage 81b: Spiel (Ergänzungsmaterial)

Der kleine Pirat steht auf.  Noch einmal würfeln!	Es gibt Frühstück.  Tue so, als würdest du essen und trinken.	Der kleine Pirat muss Schiffe ausrauben. Das ist seine Arbeit. Nimm dir noch einen Glasstein.
„Ahoi. Schiff in Sicht!", schreit der kleine Pirat und steuert volle Kraft voraus. Rücke drei Felder weiter.	Der kleine Pirat findet es langweilig, Schiffe auszurauben, wenn alle Leute schnell unter Deck verschwinden. Eine Runde aussetzen!	Wenn der kleine Pirat brüllt, laufen alle weg.  Setzt alle Spielfiguren ein Feld weiter.
Manchmal trifft der kleine Pirat auf furchtlose Damen. Jeder darf einmal würfeln. Das Kind mit der höchsten Augenzahl bekommt einen Glasstein.	Der kleine Pirat ist traurig.  Lege einen Stein zurück.	Der kleine Pirat schläft.  Eine Runde aussetzen!
Der kleine Pirat hält Ausschau.  Gehe ein Feld weiter.	Der kleine Pirat holt seine Kanone. Gehe zwei Felder weiter.	Viele haben Angst vor dem kleinen Piraten.  Mache ein ängstliches Gesicht.

Der kleine Pirat zählt seine Beute. Er zählt dreimal bis 12 und einmal bis 7. Wie viele Kisten hat er?	Der kleine Pirat beschließt, heute alles anders zu machen. Tausche deine Steine mit deinem linken Nachbarn.	Der kleine Pirat grüßt höflich. Die Leute grüßen zurück. Begrüße deine Mitspieler höflich.
Der kleine Pirat ist höflich, aber alle rennen weg, wenn er sagt, dass er ein Pirat ist. Deine Mitspieler dürfen zwei Felder weiterziehen.	Der kleine Pirat macht seine Arbeit.  Klaue einem Mitspieler einen Glasstein.	Der kleine Pirat ist traurig. Gib einen deiner Steine an das Kind mit den wenigsten Schätzen.
Der kleine Pirat zählt seine Beute. Er zählt dreimal bis 12 und einmal bis 9. Wie viele Kisten hat er?	Der kleine Pirat hat keine Lust aufzustehen.  Eine Runde aussetzen!	Der kleine Pirat trifft einen alten Mann.  Würfle noch einmal.
Der alte Mann hat keine Schätze. Aber er spricht mit dem kleinen Piraten. Das ist toll. Schweige, bis du wieder mit Würfeln dran bist.	Der alte Mann sagt: „Man redet nicht gerne mit Leuten, die einen ausrauben wollen." Würfle noch einmal.	Der kleine Pirat muss nachdenken.  Eine Runde aussetzen!

Kopiervorlage 81d: Spiel (Ergänzungsmaterial)

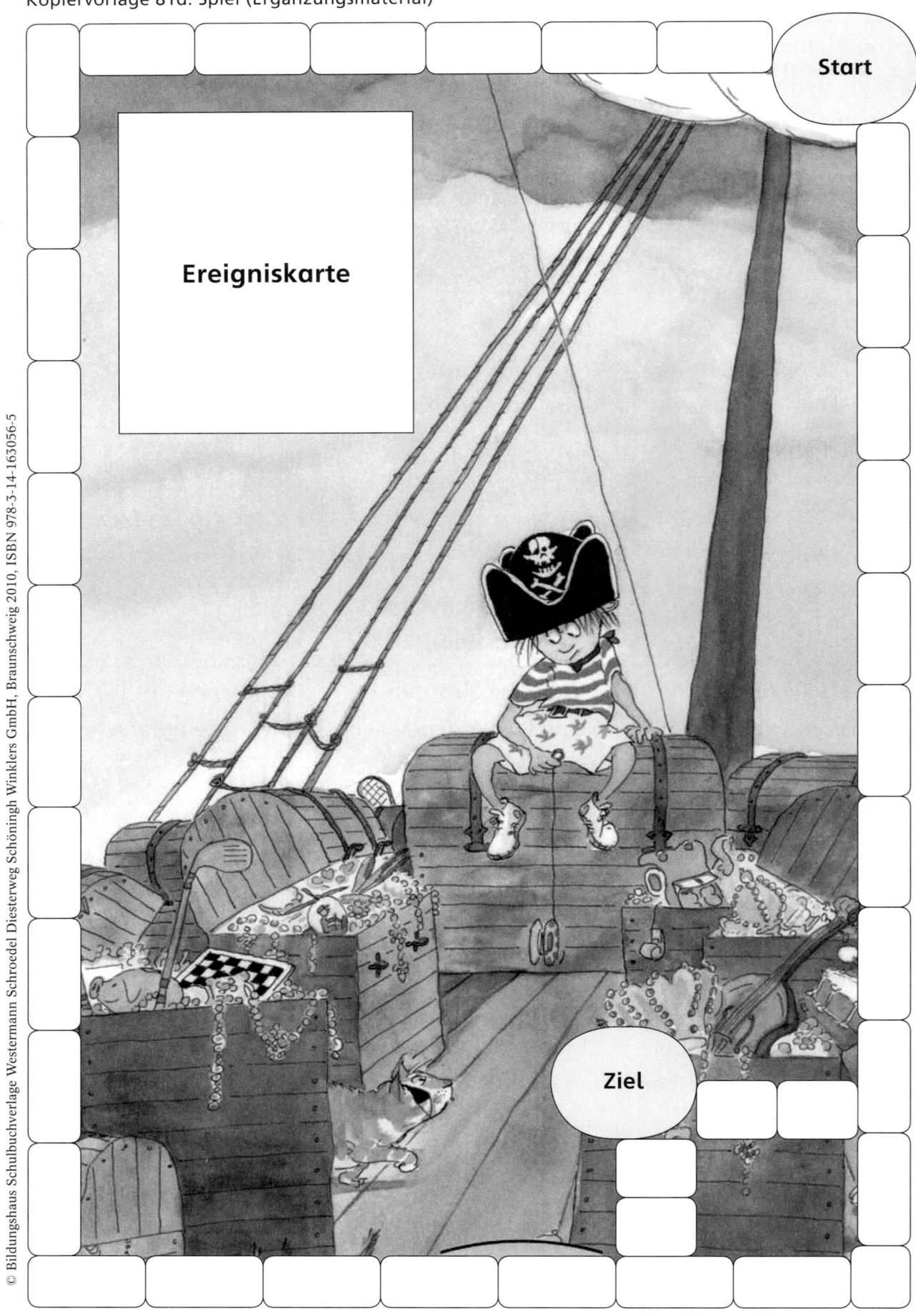

Ereigniskarte

Start

Ziel

Kopiervorlage 82a: Spiel (Ergänzungsmaterial)

Wissensschieber

Kennst du Kirsten Boie richtig gut?
Teste dich mit dem Wissensschieber.

So geht's:
1. Schneide den Schieber und die Fragestreifen aus.
2. Schneide die Schlitze an der gestrichelten Linie hinein.
3. Stecke den Fragestreifen so durch die Schlitze, dass die erste Frage erscheint.
4. Wenn du den Streifen höher schiebst, kannst du deine Antwort kontrollieren.

Wissensschieber

von: _____

Schwierigkeitsstufe 1 (leicht)

Wer ist das?

King-Kong

Wer ist Lenas Freundin? Katrin oder Pippi?

Katrin

In welchem Land wohnt Kirsten Boie?

Deutschland

Wie viele Möwenweg-Bücher gibt es?

Sechs

Kopiervorlage 82b: Spiel (Ergänzungsmaterial)

Schwierigkeitsstufe 2 (mittel)

Welches Schulfach kann Lena nicht gut?

Mathematik

Welchen Beruf hatte Kirsten Boie zuerst?

Lehrerin

In welcher Stadt wohnt Kirsten Boie?

Hamburg

Wie heißt Kirsten Boies erstes Buch?

Paule ist ein Glücksgriff

Ist King-Kong ein Männchen oder ein Weibchen?

ein Weibchen

Schwierigkeitsstufe 3 (schwer)

Wie alt ist Kirsten Boie?

Sie wurde 1950 geboren.

Wie heißt Lenas Klassenlehrerin?

Frau Schröder

Wie heißt die Illustratorin der Möwenweg-Bücher?

Katrin Engelking

Bei welchem Verlag sind fast alle Bücher von Kirsten Boie erschienen?

Oetinger

Wann kommen Kirsten Boie die Ideen für ihre Bücher?

Beim Abwasch, Bügeln, Unkrautjäten, Autofahren, …

Kopiervorlage 83: Spiel (Ergänzungsmaterial)

Bewegungsquiz

Spielanleitung:
- Alle Kinder laufen zur Musik im Raum herum.
- Wird die Musik gestoppt, wird ein Quizsatz vorgelesen.
- Ist der Satz richtig, müssen sich alle schnell auf einen Tisch setzen und mit den Beinen wackeln.
- Ist der Satz falsch, müssen alle zur Tafel laufen und gemeinsam die richtige Antwort finden.

Quizsätze:
1. Kirsten Boie kommt aus Berlin. *(Falsch, sie kommt aus Hamburg.)*
2. Kirsten Boie war Lehrerin, bevor sie mit dem Bücherschreiben begann. *(Richtig)*
3. Kirsten Boie hat schon 20 Bücher geschrieben. *(Falsch, es sind schon über 80.)*
4. Der Nix ist ein grüner Kobold. *(Falsch, er ist ein Seejungmann.)*
5. Die Kinder aus dem Möwenweg heißen: Tara, Laura, Klaus, Vincent, Laurin, Petra, Fritzi und Julia. *(Falsch, sie heißen: Tara, Tieneke, Petja, Maus, Fritzi, Jul, Laurin und Vincent.)*
6. Kirsten Boies erstes Buch heißt „Paule ist ein Glücksgriff". *(Richtig)*
7. Sophie schreibt ihre schlimmen Briefe an ihre Brieffreundin. *(Falsch, sie schreibt an ihre Oma.)*
8. Prinzessin Rosenblüte kommt aus dem Land der Störche. *(Falsch, sie kommt aus dem Land der Schwäne.)*
9. Prinzessin Rosenblüte landet direkt auf einem Fahrradständer. *(Richtig)*
10. King-Kong ist Linneas Meerschweinchen. *(Falsch, King-Kong gehört Jan-Arne.)*
11. Wenn Kirsten Boie einmal keine Lust zum Schreiben hat, setzt sie sich trotzdem an ihren Laptop. *(Richtig)*
12. Kirsten Boie schreibt nicht nur Kinderbücher, sondern auch Pappbilderbücher und dicke Bücher für Jugendliche. *(Richtig)*

Kopiervorlage 84a: Spiel (Ergänzungsmaterial)

Figuren-Raten

Lena

Jan-Arne

Paule

Linnea

Kopiervorlage 84b: Spiel (Ergänzungsmaterial)

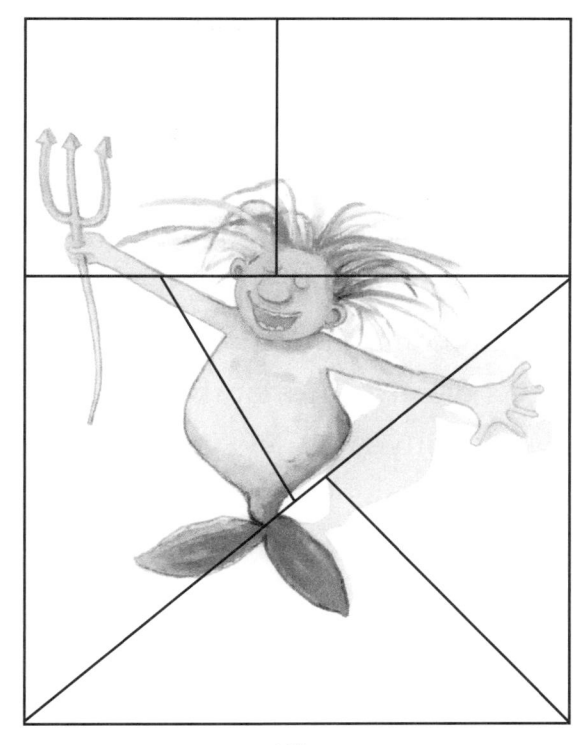

Ritter Trenk

Nix

Kleine Fee

Josef Schaf

Kopiervorlage 85a: Spiel (Ergänzungsmaterial)

Rätsel-Rallye

Spielanleitung:
- Bildet Gruppen mit drei oder vier Kindern.
- Schreibt eure Namen auf den Rallye-Pass.
- Alle Gruppen starten im Abstand von fünf Minuten.
- Es beginnt die Gruppe, die beim Figurenraten am schnellsten ist. Dann kommt die zweitschnellste Gruppe usw.
- Lest die erste Stationskarte. Habt ihr die Lösung? Dann verrät euch euer Rallye-Pass, wo ihr die nächste Rätsel-Station findet.

Rallye-Pass von: _____

Lösungen:

Station 1 _____

Station 2 _____

Station 3 _____

Station 4 _____

Station 5 _____

Station 6 _____

Station 7 _____

Station 8 _____

Richtige Lösungen: _____

Benötigte Zeit: _____

Linnea	Trenk	Lena
Auf zum Sekretariat!	Auf zur Klassentür der ____!	Auf zum Hausmeister!
Nix	Paule	Petja aus dem Möwenweg
Auf zum Schulhof!	Auf zum Eingang der Schule!	Auf zur Klassentür der ____!
Maus aus dem Möwenweg	Jan-Arne mit King-Kong	?
Auf zur Klassentür der ____!	Auf zur Tür der Mädchentoilette!	

Kopiervorlage 85b: Spiel (Ergänzungsmaterial)

Station 1
Wer spricht hier?

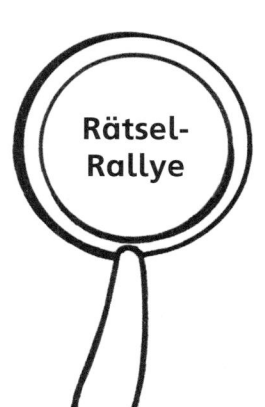

?

> Ich bin schon fast fünf Jahre alt.
> Meine Puppe heißt Linni.
> Mein Bruder heißt Magnus
> und meine Schwester heißt Anna.
> Mein Papa wohnt jetzt in Bremen.
> Wisst ihr, wie ich heiße?

Rätsel-Rallye

Station 2
Welches Möwenwegkind ist gemeint?

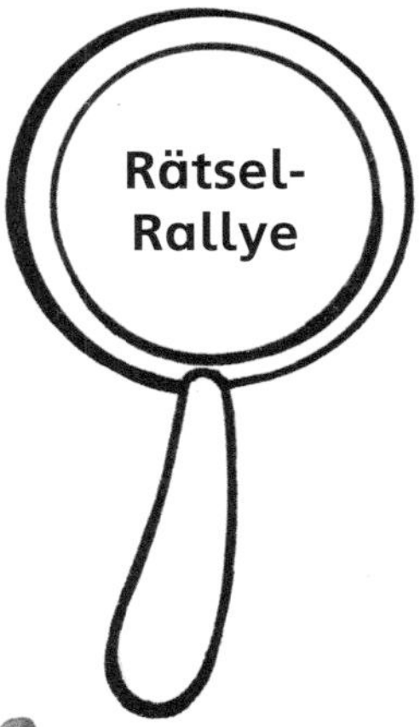

Es ist nicht das kleinste Kind. Es steht nicht im Tor.
Das Kind hat einen Bruder oder eine Schwester.
Das Kind ist ein Junge. Das Kind trägt keine Brille.
Das Kind ist nicht der Bruder von Vincent.

Rätsel-Rallye

TARA
LAURIN
TIENEKE
PETJA
FRITZI (IM TOR)
MAUS (IM TOR)
JUL
VINCENT

Station 3
Wer hat sich in diesem Buchstabenfeld versteckt?

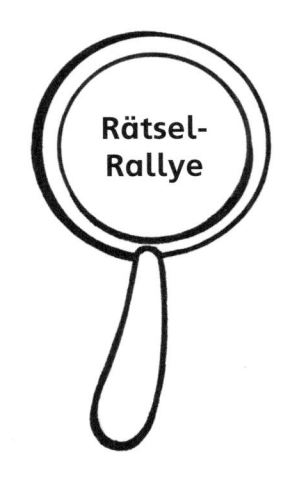

D	W	K	A	J	Z	E	E	Q	Z
F	W	Q	I	A	T	G	Q	D	E
R	S	A	A	N	T	H	H	F	W
G	X	A	S	A	G	N	J	G	T
T	Y	M	D	R	K	K	K	T	R
Z	R	K	D	N	P	A	O	R	E
U	E	L	C	E	P	W	L	N	U
K	E	O	C	Z	U	W	M	U	G

Rätsel-Rallye

Station 4
Wessen Schatten ist das?

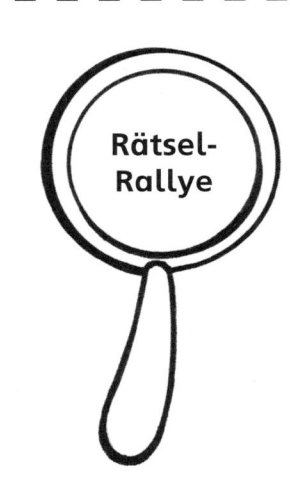

Rätsel-Rallye

Kopiervorlage 85d: Spiel (Ergänzungsmaterial)

Station 5
Wer ist denn das?

Rätsel-Rallye

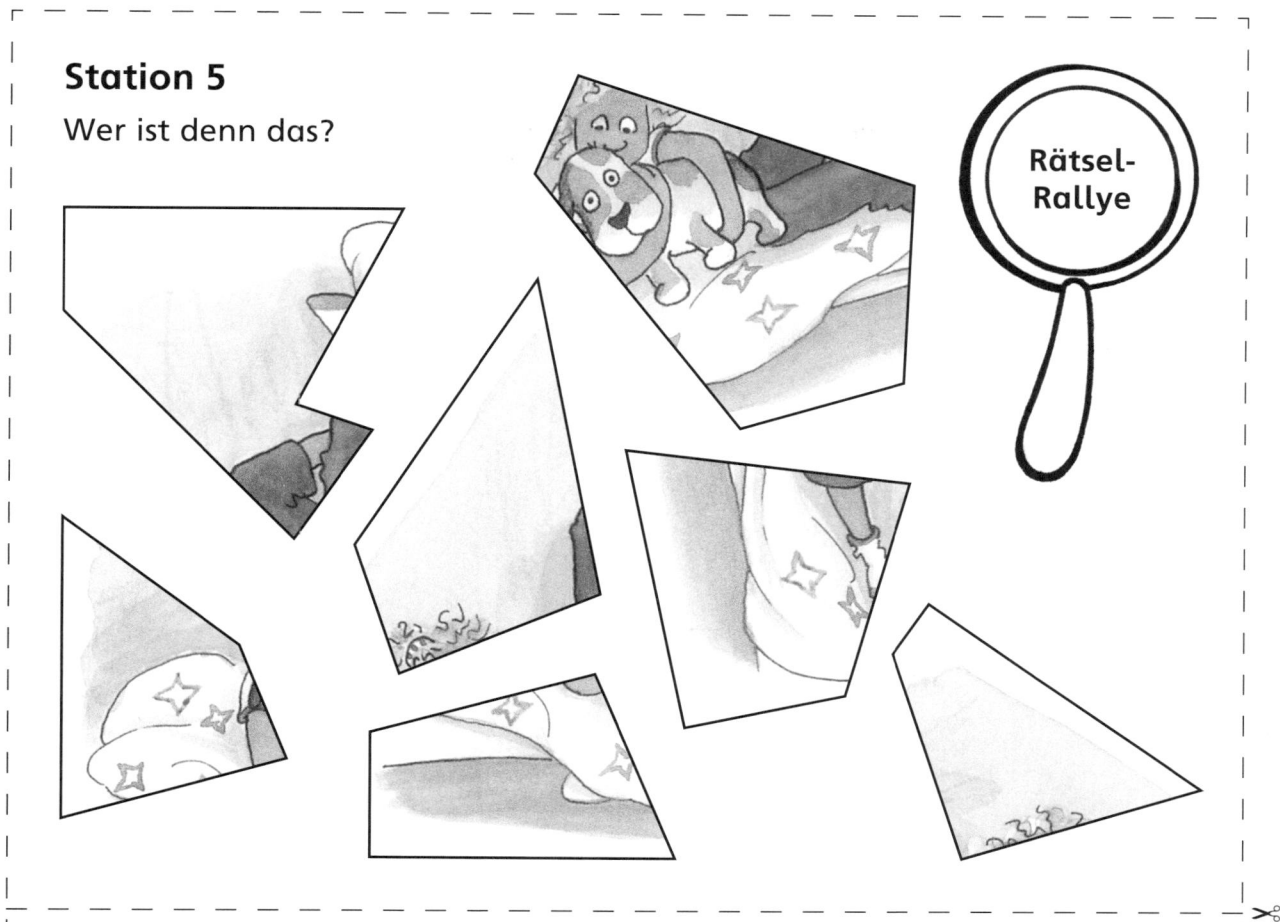

Station 6
Wer wird hier gesucht?

Rätsel-Rallye

Steckbrief

Name: _____?_____

Hautfarbe: braun

Haarfarbe: dunkelbraun

Alter: geht in die 1. Klasse

Hobbys: Fußball spielen

Haustiere: Meerschweinchen

Besonderheiten: Er wurde von Mama und Papa aus einem Heim geholt, als er noch klein war. Deshalb feiert er nicht nur Geburtstag, sondern auch Ankunftstag.

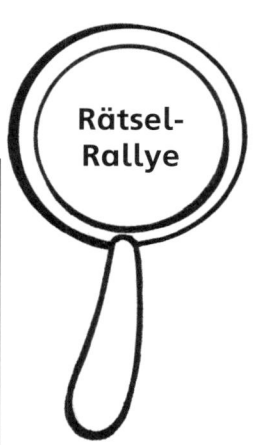

Kopiervorlage 85e: Spiel (Ergänzungsmaterial)

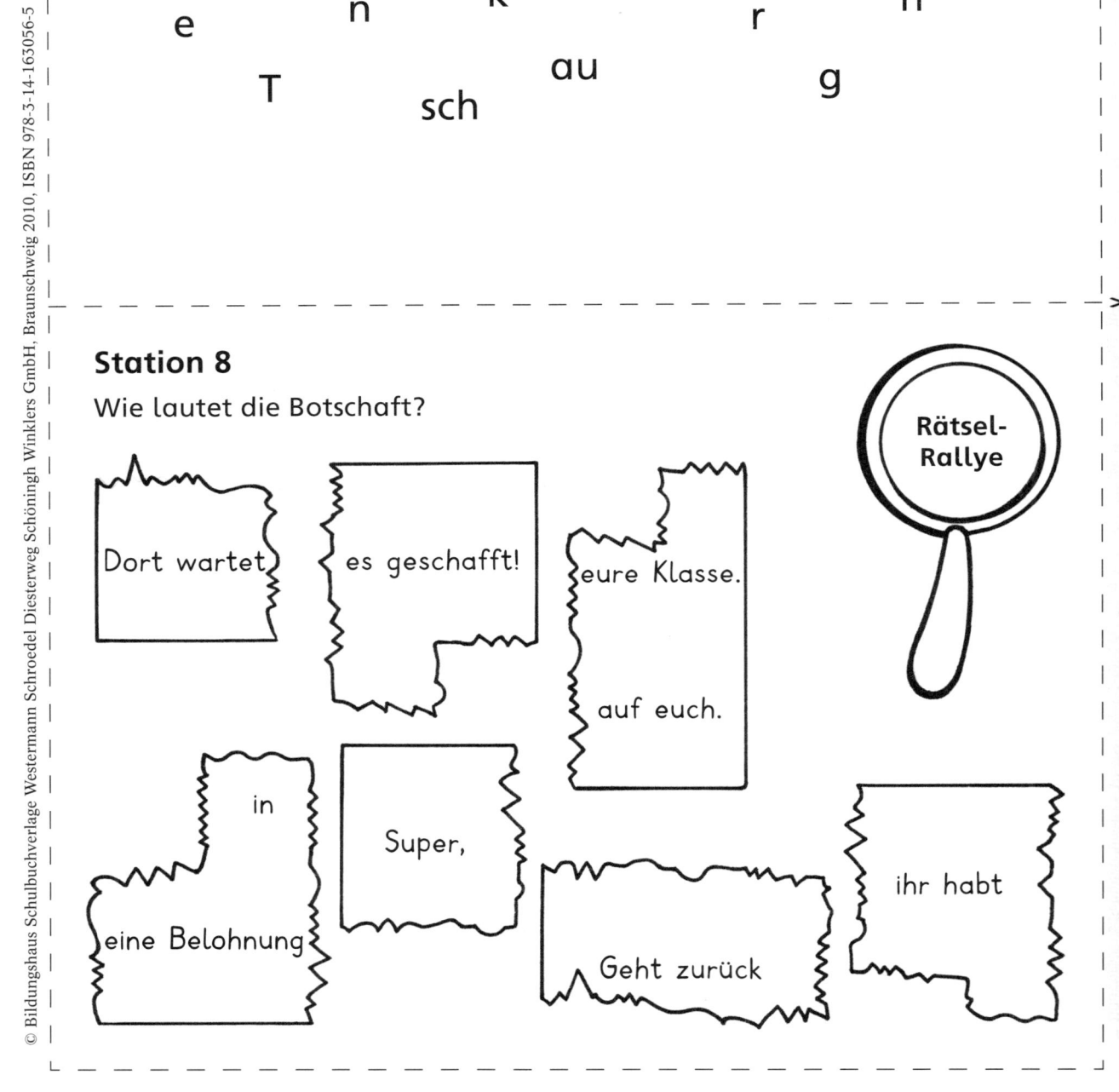

Station 7

Wessen Name ist hier durcheinandergepurzelt?

Rätsel-Rallye

T d l a s
e n k e n
T sch au r g

Station 8

Wie lautet die Botschaft?

Rätsel-Rallye

- Dort wartet
- es geschafft!
- eure Klasse.
- auf euch.
- in
- Super,
- eine Belohnung
- Geht zurück
- ihr habt

Wörterbild

Gestalte ein Bild, das nur aus Wörtern besteht. Du kannst immer wieder dasselbe Wort oder viele verschiedene Wörter nehmen, die zu Kirsten Boie passen. Du kannst die Wörter unterschiedlich groß, bunt und im Bogen schreiben.

Tipp:

Die Aufgabe wird einfacher, wenn du die Umrisse mit Bleistift leicht vorzeichnest und sie dann mit Wörtern füllst. Die Bleistiftspuren kannst du zum Schluss wieder wegradieren.

Lena und Katrin in der Schule

Du brauchst:

ein rechteckiges Stück Tonkarton, etwas Pappe, Buntstifte, Schere, Klebstoff, weißes Papier, eine Heftklammer

So geht's:
1. Knicke den Tonkarton in der Mitte.
2. Schneide die Faltlinie wie im Bild viermal ein. Die Schnitte müssen gleich lang und möglichst parallel sein.
3. Drücke die eingeschnittenen Laschen nach innen.
4. Male Lena und Katrin bis zum Bauch auf Pappe. Sie müssen gut in deine Karte passen. Das heißt, sie dürfen nicht zu groß, aber auch nicht zu klein sein.
5. Male die beiden Figuren schön an und schneide sie aus.
6. Klebe sie auf die Laschen.
7. Nun fehlen noch die Hefte. Schneide mehrere gleichgroße Rechtecke aus weißem Papier aus. Lege sie genau aufeinander. Knicke sie in der Mitte und hefte sie mit einer Heftklammer. Vergiss nicht die Hefte zu beschriften.

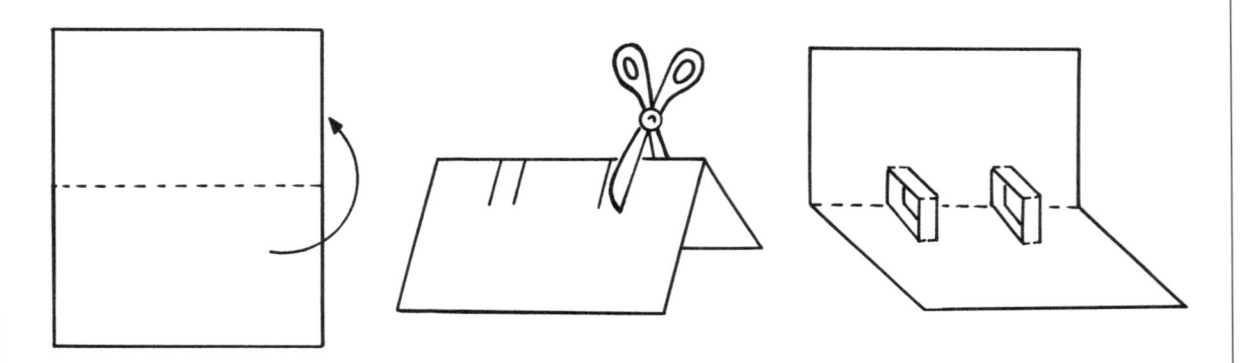

Tipp:
Mit einem Rechteck aus buntem Papier bekommt dein Heft einen farbigen Umschlag.

Kopiervorlage 88a: Bastelidee (Ergänzungsmaterial)

Nix-Handpuppe

Du brauchst:

eine Styroporkugel (Ø 7 cm), zwei Wackelaugen (Ø 14 mm), Acryllack (hautfarben), eine halbe Holzkugel (Ø 14 mm), Tonkarton (hautfarben), Wolle (grün), Filz (hautfarben und grün), Flüssigkleber

So geht's:
1. Bohre in die Kugel ein tiefes Loch, sodass du sie gut auf deinen Finger stecken kannst.
2. Male die Styroporkugel (= Kopf) hautfarben an.
3. Schneide aus Tonkarton Ohren aus und klebe sie an den Kopf. 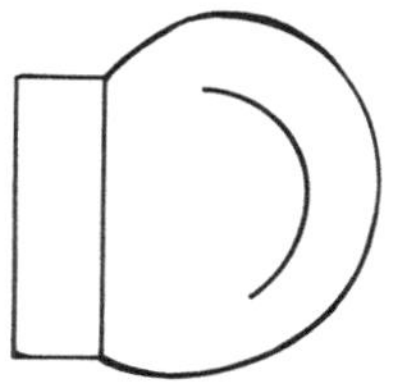
4. Klebe die Augen und die halbe Holzkugel (= Nase) an.
5. Male oder klebe einen Mund auf.
6. Mache eine Perücke aus grüner Wolle.

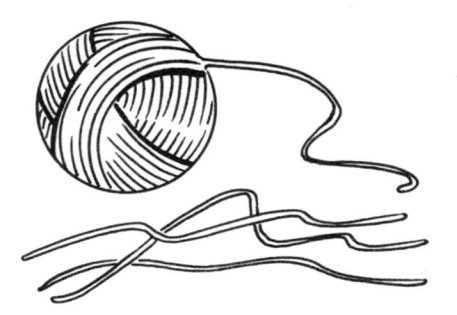

Schneide Fäden ab. 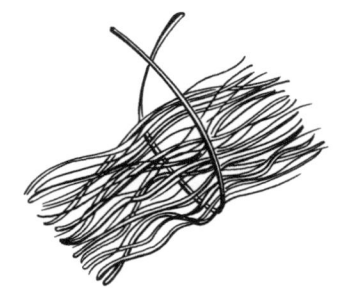 | Lege sie nebeneinander und verknote sie in der Mitte.  | Kürze die Haare, wenn sie zu lang sind.

7. Schneide die Körperteile zweimal aus.
   Lege sie genau aufeinander und klebe sie an den Rändern zusammen.
8. Klebe den Filzkörper am Kopf fest.
   Dies gelingt dir am besten gemeinsam mit einem anderen Kind.
9. Lasse alles gut trocknen.

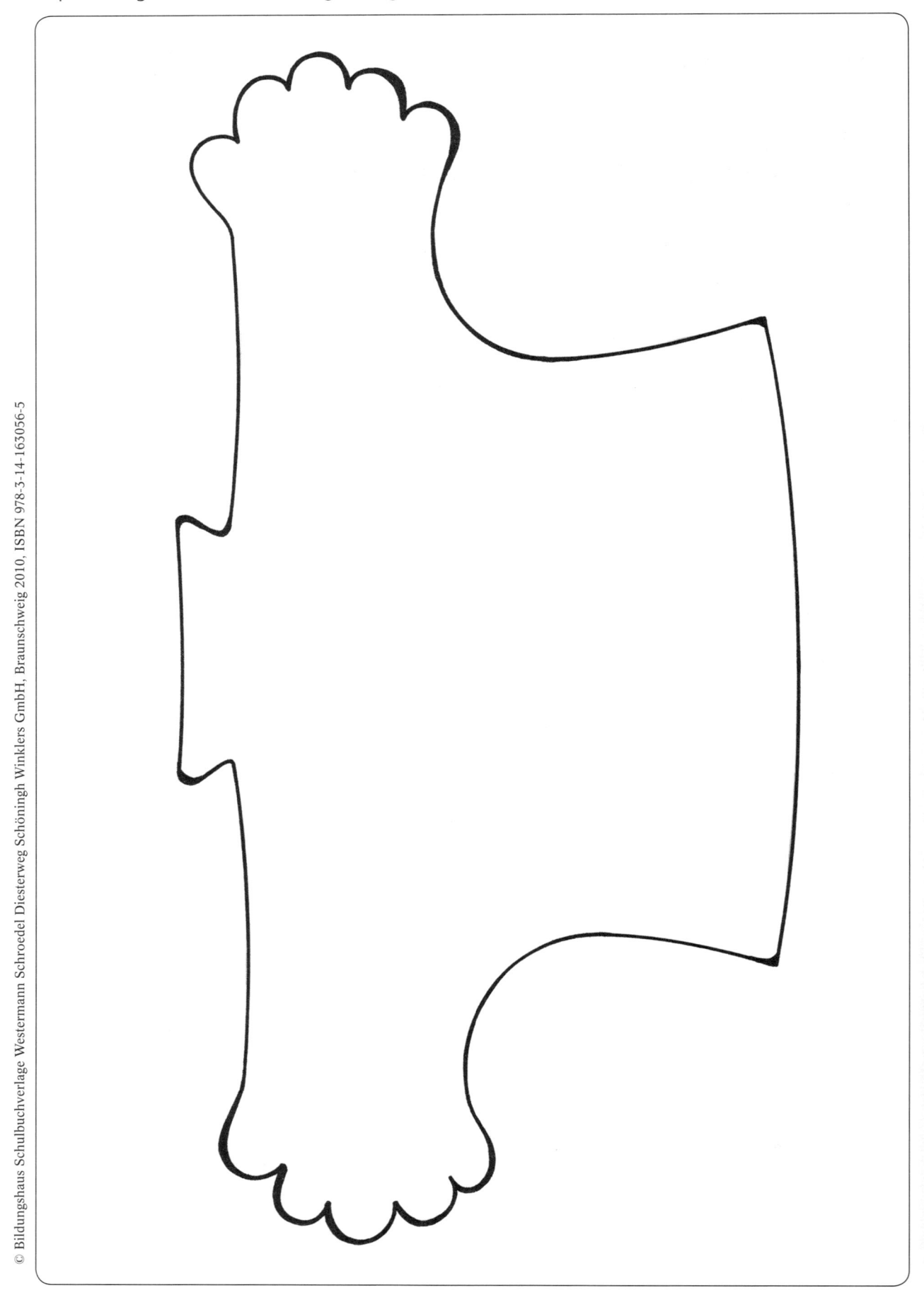

Kopiervorlage 88b: Bastelidee (Ergänzungsmaterial)

© Bildungshaus Schulbuchverlage Westermann Schroedel Diesterweg Schöningh Winklers GmbH, Braunschweig 2010, ISBN 978-3-14-163056-5

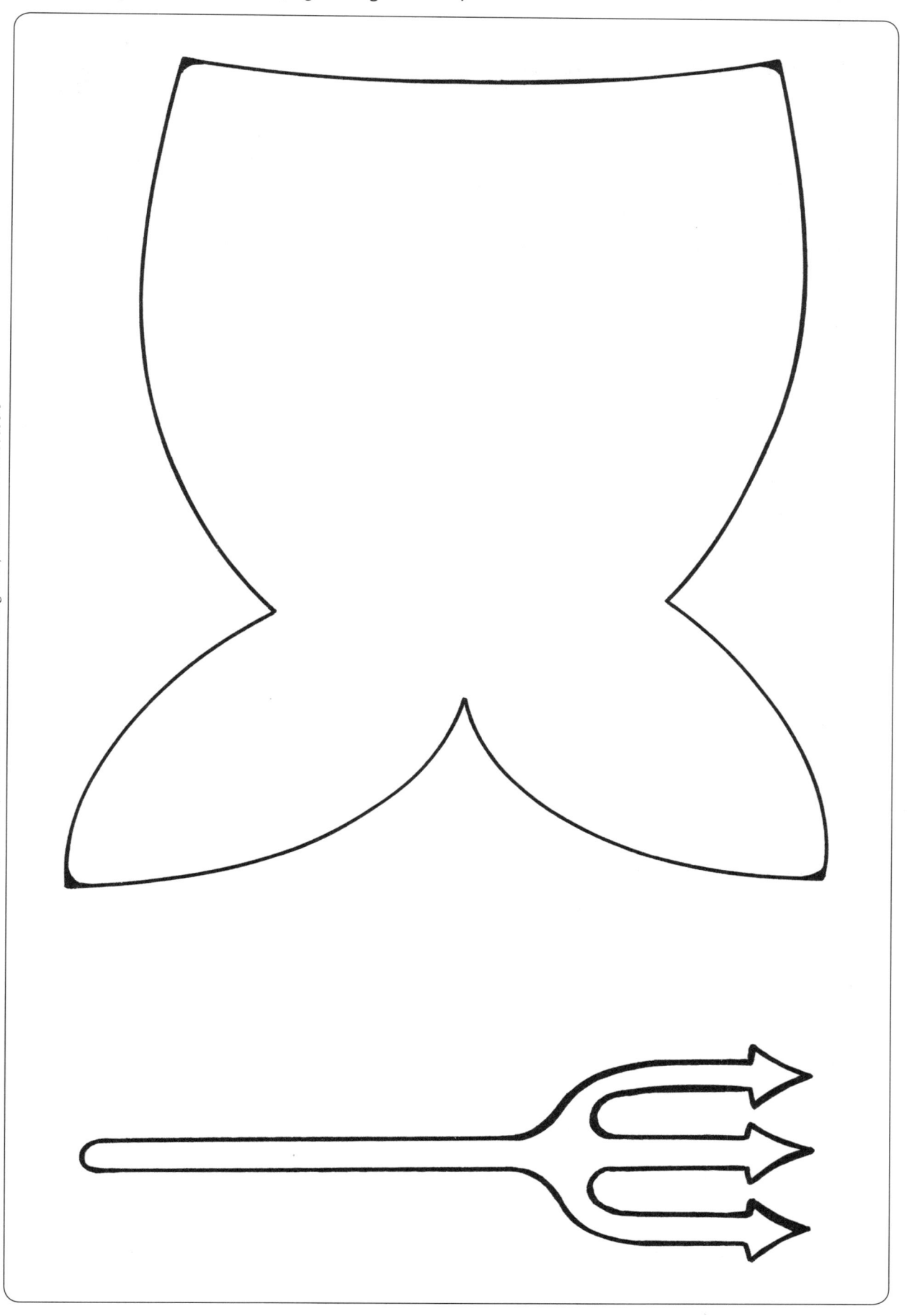

Kopiervorlage 88c: Bastelidee (Ergänzungsmaterial)

131

Ein Mensch für Josef Schaf

Du brauchst:
ein Minitontöpfchen, eine Holzkugel, Wasserfarbe, Klebstoff, Schere, Filzstifte, Wollreste, Watte, Stoff- oder Filzreste

So geht's:
1. Überlege, ob du einen Weißen, einen Schwarzen, einen Chinesen oder einen Eskimo basteln möchtest. Soll es ein Schwarzer oder ein Chinese werden, musst du deine Holzkugel zuerst mit Wasserfarbe in der richtigen Hautfarbe anmalen.
2. Klebe die Holzkugel auf dem Tontöpfchen fest.
3. Male das Gesicht auf. (Achtung: Chinesen haben längliche Augen!)
4. Ziehe deinen Menschen nun mit Stoffresten an.
5. Nun fehlen noch die Haare:

Weißer: Schneide mehrere kurze Wollfäden ab, lege sie dicht nebeneinander und verknote sie in der Mitte. Schneide die Haare in der gewünschten Länge ab.

Schwarzer: Schneide ganz viele kleine, schwarze Wollstückchen ab und klebe sie am Kopf gut fest.

Chinese: Male die Haare mit schwarzem Filzstift auf. Schneide aus Filz einen Kreis für den Hut aus.   einschneiden   überlappend zusammenkleben

Eskimo: Male die Haare mit schwarzem Filzstift auf. Klebe mit weißer Watte eine dicke Fellmütze um das Gesicht herum.

Kopiervorlage 89b: Bastelidee (Ergänzungsmaterial)

Ein Mensch für Josef Schaf

Du brauchst:
einen Schuhkarton, Wolle, buntes Papier, Pappe, kleine Schachteln, Korken, Eisstiele, Stoffreste, eine spitze Nadel oder Schere

So geht's:
1. Beklebe den Schuhkarton von Außen mit buntem Papier. Wenn du willst, kannst du auch ein Fenster hineinschneiden.
2. Bastle aus Pappe, Korken, kleinen Schachteln o. Ä. Möbel und alles andere, was dein kleiner Mensch in seinem Käfig braucht. Vergiss auch einen Teppich nicht!

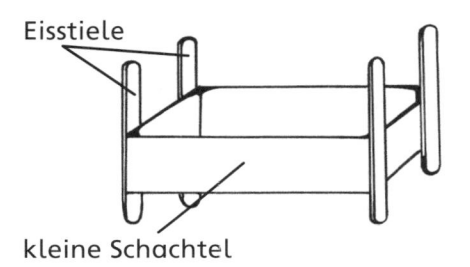

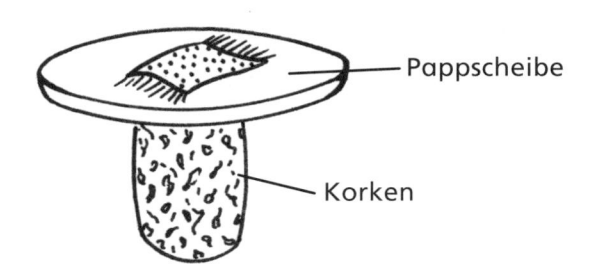

3. Setze nun deinen Menschen hinein.
4. Klebe alle Teile gut fest.
5. Steche mit einer Nadel oder einer spitzen Schere Löcher in den oberen und unteren Rand deines Kartons. Spanne zum Schluss Gitterstäbe aus Wolle durch diese Löcher.

Löffelpuppen

Du brauchst:

einen Holzlöffel, zwei Wackelaugen, eine halbe Holzkugel (hautfarben, Ø 8 mm), zwei Holzkugeln (Ø 14 mm), Buntstifte, Wolle, Filz, Figurendraht (25 cm lang, Ø 6 mm), Flüssigkleber

So geht's:

1. Befestige den Figurendraht am Löffelstiel.
2. Stecke je eine Holzkugel auf die Drahtenden und klebe sie fest.
3. Klebe die halbe Holzkugel als Nase auf.
4. Nun bekommt deine Figur Augen. Du kannst sie aufmalen oder Wackelaugen aufkleben.
5. Male auch den Mund auf.
6. Klebe nun Haare aus Wolle an. Achte dabei auf die richtige Haarfarbe und Frisur.
7. Schneide das T-Shirt zweimal aus. Lege deine Löffelpuppe zwischen beide Teile und klebe sie an den Rändern vorsichtig zusammen.
8. Gestalte das T-Shirt schön.

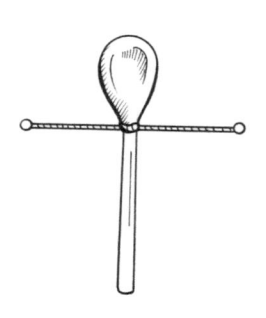

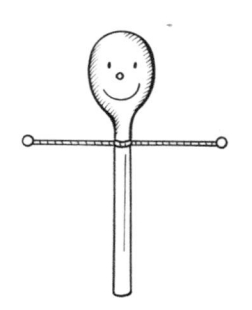

Tipp:

- Lena hat ein Haarband und liebt Fußball.
- Linnea hat fast immer ihre Puppe Linni im Arm.
- Jan-Arnes King-Kong kannst du aus Pappe und Fellresten basteln.

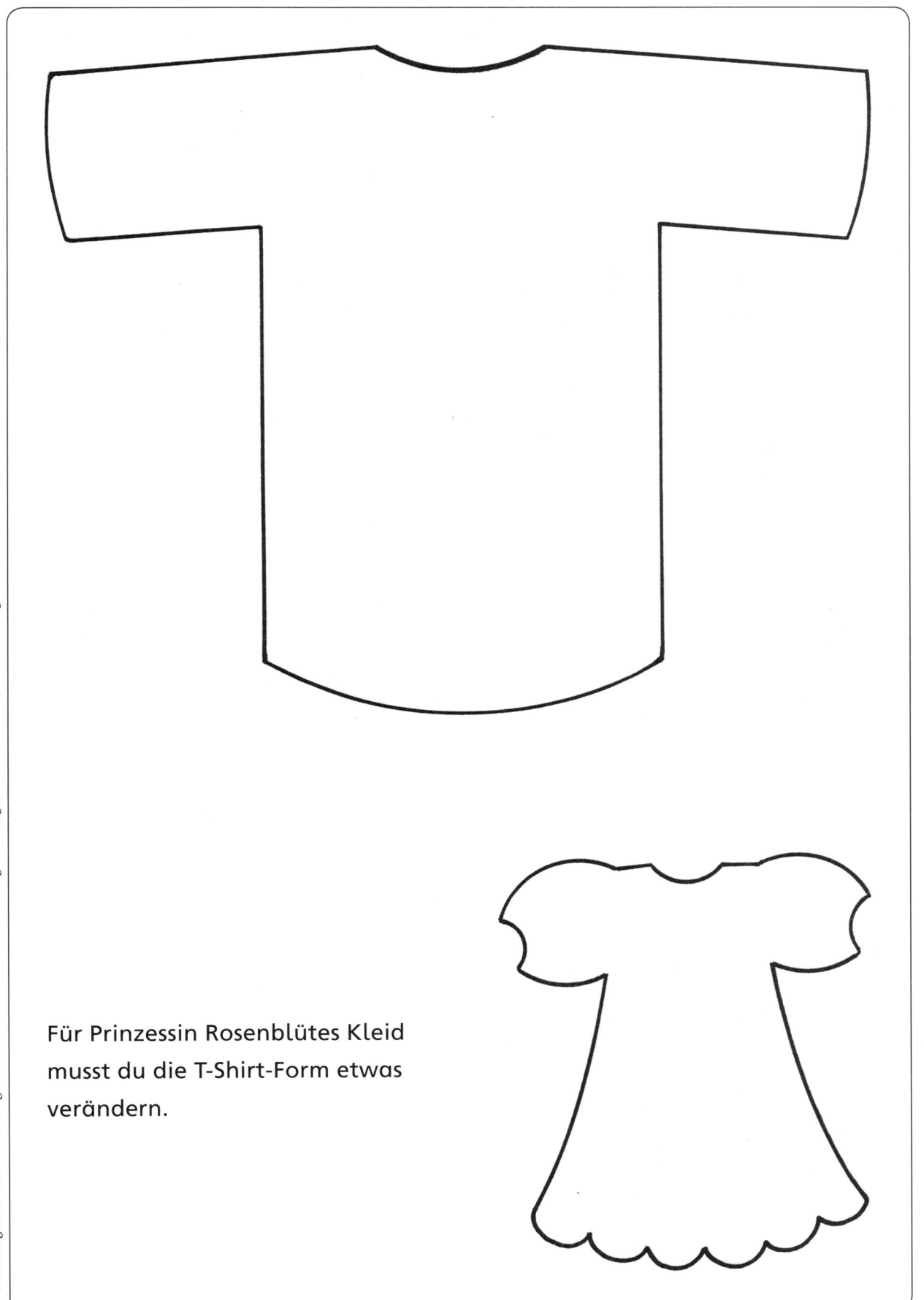

Kopiervorlage 90b: Bastelidee (Ergänzungsmaterial)

Für Prinzessin Rosenblütes Kleid musst du die T-Shirt-Form etwas verändern.

Kopiervorlage 90c: Bastelidee (Ergänzungsmaterial)

Jan-Arne mit King-Kong

Prinzessin Rosenblüte trifft den kleine Piraten.

Lena unterhält sich mit Paule über Fußball.

Seeräuber-Moses Knotenkartei

Seeräuber-Moses Knotenkartei
Und die ganze Zeit lernte Moses immer mehr dazu und wurde jeden Tag schlauer und tüchtiger. Fiete brachte ihr fast alle Seemannsknoten bei: Slipstek und Webeleinstek und Palstek und Doppelten Palstek und was es sonst noch alles an wichtigen Knoten für alle möglichen Gelegenheiten gibt.

(aus: Seeräuber-Moses, S. 40)

Schlaufenknoten

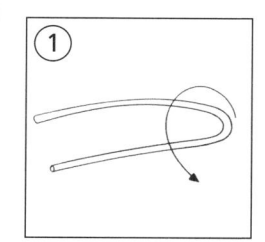

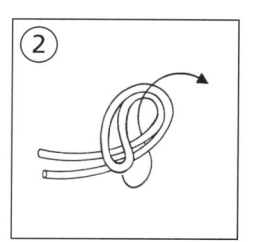

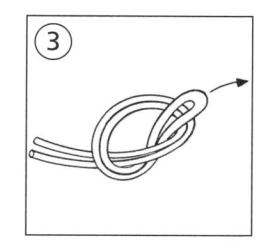

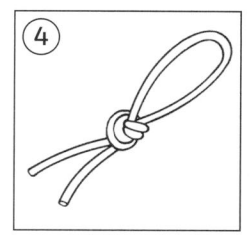

Mit diesem Knoten kannst du eine Schnur an einem Haken befestigen.

Webeleinstek

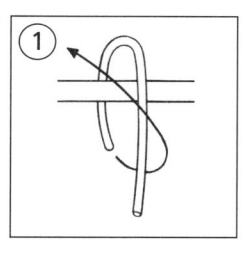

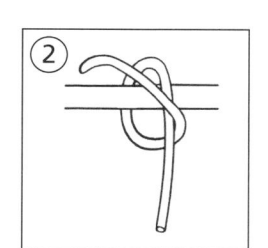

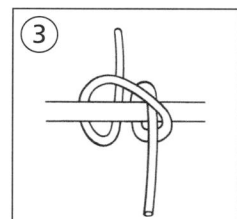

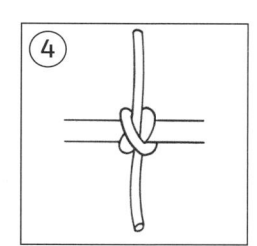

Diesen Knoten benutzten die Seeräuber zum Hängematten-Knüpfen

Einfacher Knoten

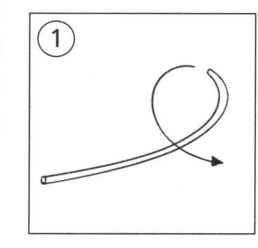

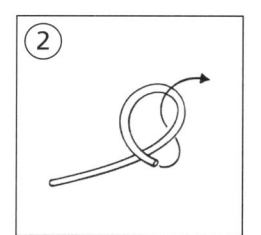

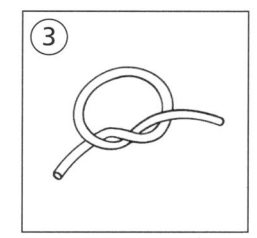

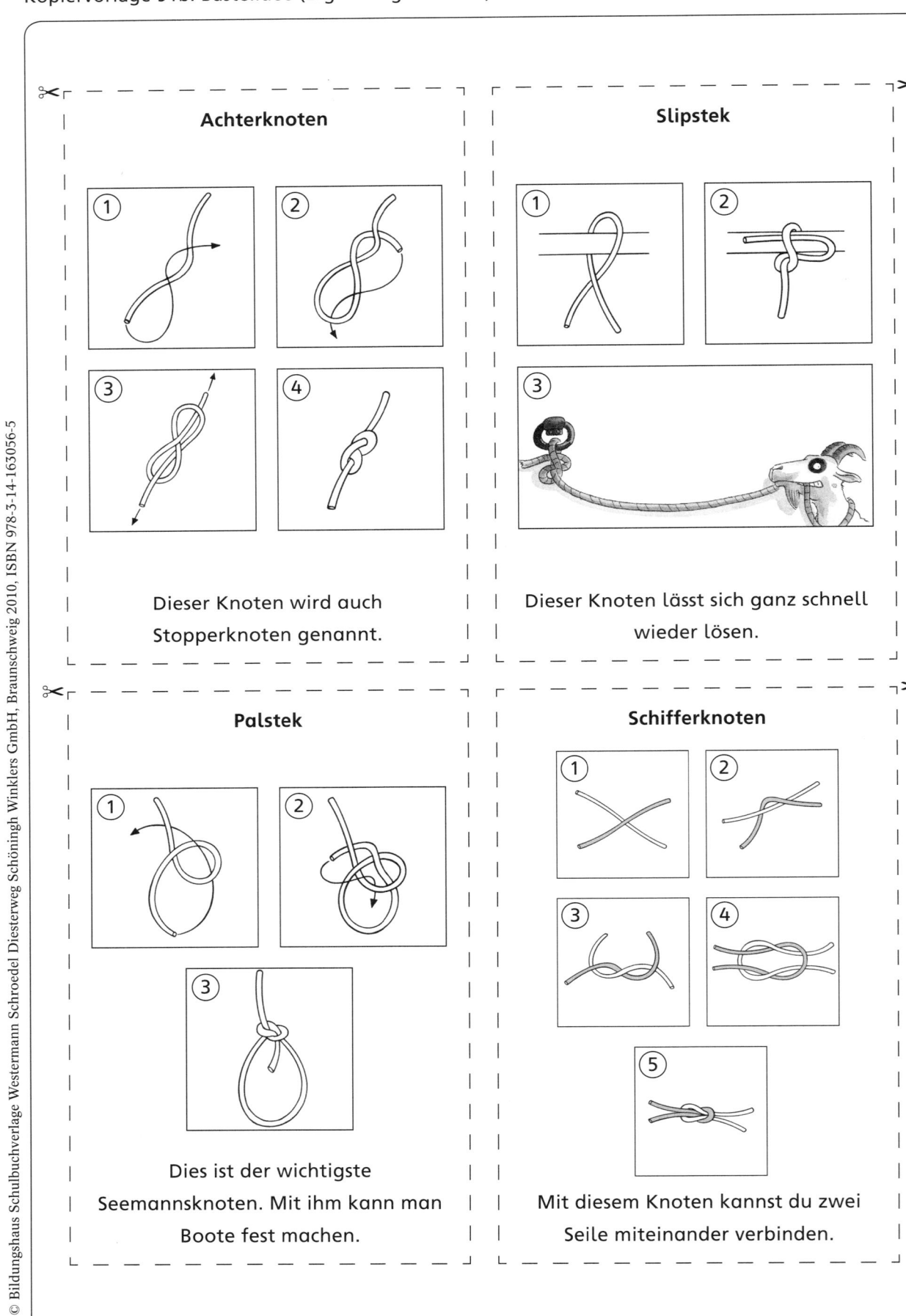

Kopiervorlage 91b: Bastelidee (Ergänzungsmaterial)

Achterknoten

Dieser Knoten wird auch Stopperknoten genannt.

Slipstek

Dieser Knoten lässt sich ganz schnell wieder lösen.

Palstek

Dies ist der wichtigste Seemannsknoten. Mit ihm kann man Boote fest machen.

Schifferknoten

Mit diesem Knoten kannst du zwei Seile miteinander verbinden.

Kopiervorlage 91c: Bastelidee (Ergänzungsmaterial)

Freihandknoten

Lerchenkopf

Anglerknoten

Mauerknoten

Mit diesem Knoten kann man Säcke zuknoten.

Kopiervorlage 92a: Bastelidee (Ergänzungsmaterial)

Klassenkalender

„Wir Kinder aus dem Möwenweg"

Klasse: _____

Januar

Lest im Buch „Weihnachten im Möwenweg" die Geschichte „Wir spielen im Schnee und ich kriege einen Zwilling".

Macht euch eigene Schneemannzwillinge.
Zieht euch Mütze, Schal und Handschuhe an und macht Fotos von euch. Schneidet euer Bild aus und klebt es auf ein weißes Blatt. Nun könnt ihr euren Schneezwilling daneben malen.

Schneeballschlacht im Klassenraum
Zerknüllt alte Zeitungen zu vielen kleinen Kugeln. Mit diesen Zeitungsschneebällen kann man im Klassenraum eine tolle Schneeballschlacht veranstalten. Deckung bietet ein umgekippter Tisch.

Schnee-Engel
Schnee-Engel könnt ihr auf Tapetenbahnen malen. Einfach darauflegen und von einem anderen Kind in der Engelform umranden lassen.

1	2	3	4	5	6	7
8	9	10	11	12	13	14
15	16	17	18	19	20	21
22	23	24	25	26	27	28
29	30	31				

Februar

Lest im Buch „Wir Kinder aus dem Möwenweg" die Geschichte „Wir kriegen neue Nachbarn".

Veranstaltet einen Malwettbewerb.
Schneidet mindestens drei Köpfe der Schnippelseite aus und malt Körper dazu. Weil in diesem Monat Karneval gefeiert wird, könnt ihr eure Möwenwegkinder oder Oma und Opa Kleefeld auch verkleiden.
Wählt gemeinsam das gelungenste Bild aus und klebt es auf diese Kalenderseite.

Hier ist Platz für das Bild vom Malwettbewerb.

1	2	3	4	5	6	7
8	9	10	11	12	13	14
15	16	17	18	19	20	21
22	23	24	25	26	27	28
29						

März

Lest im Buch „Sommer im Möwenweg" die Geschichte „Wir holen Tienekes Kaninchen".

Bastelt Puschelchen und Wuschelchen.
Malt die Teile auf der Schnippelseite schön an oder beklebt sie mit Filz. Schneidet die Teile aus und steckt sie mit Musterklammern zusammen. Wer klebt sein Puschelchen und sein Wuschelchen auf diese Kalenderseite?

1	2	3	4	5	6	7
8	9	10	11	12	13	14
15	16	17	18	19	20	21
22	23	24	25	26	27	28
29	30	31				

April

Lest im Buch „Wir Kinder aus dem Möwenweg" die Geschichte „Wir machen ein Picknick und Vincent übt fliegen".

Macht ein Picknick auf dem Schulhof.
Ihr braucht:
Miniwürstchen, klein geschnittene Äpfel, Karotten, Käsewürfel, Brötchen, Schokoriegel, Früchtetee, Servietten, Teller, Becher

Hier ist Platz für ein Foto von eurem Picknick.

1	2	3	4	5	6	7
8	9	10	11	12	13	14
15	16	17	18	19	20	21
22	23	24	25	26	27	28
29	30					

Mai

Lest im Buch „Sommer im Möwenweg" die Geschichten „Wir machen eine Beerdigung und schneiden Blumen" und „Wir machen Parfüm und feiern Geburtstag".

In diesem Monat ist Muttertag.
Wie wäre es, wenn ihr Parfüm herstellt?

Lavendel- oder Orangenduft
Gebt Lavendelblätter oder kleine
Stückchen einer Orangenschale
in eine möglichst kleine Flasche.
Gießt nun Speiseöl darauf.
Verschließt die Flasche gut und stellt sie an einen dunklen Ort.

Minz- oder Zitronenmelissenduft
Nehmt ein paar Minze- oder Zitronenmelissenblätter und schnippelt sie klein. Gebt die Schnipsel in ein kleines Fläschchen und gießt warmes Wasser dazu. Wenn ihr noch einen Spritzer Spiritus zugebt, hält das Parfüm länger. Verschließt die Flasche gut und hebt sie an einem dunklen Ort auf.

Vergesst nicht, ein schönes Etikett für eure Flasche zu malen.

1	2	3	4	5	6	7
8	9	10	11	12	13	14
15	16	17	18	19	20	21
22	23	24	25	26	27	28
29	30	31				

Kopiervorlage 92g: Bastelidee (Ergänzungsmaterial)

Juni

Lest im Buch „Sommer im Möwenweg" die Geschichte
„Es regnet und wir backen Pfannkuchen".

Hier ist Taras Pfannkuchenrezept. Probiert es doch einmal aus.

> (Das ist jetzt für ein Kind. Aber du kannst es auch für mehr Kinder machen. Dann musst du aber rechnen, wie viel du brauchst. Tieneke sagt, sie findet das schwierig.)
>
> Zuerst muss man sieben Esslöffel Milch, ein Ei, einen halben Teelöffel Zucker und eine winzig kleine Messerspitze voll Salz mit dem Mixer umrühren. Dann schüttet man zwei Esslöffel Mehl oben drauf. (Das muss aber mit einer Messerspitze Backpulver vermischt sein! Sonst werden die Pfannkuchen platt!) Und rührt und rührt. (Zu Anfang langsam, sonst spritzt es so), bis es schön flüssig ist.
> In einer kleinen Pfanne in Öl von beiden Seiten backen. Rausnehmen, Apfelmus drauf,
>   schon fertig!

1	2	3	4	5	6	7
8	9	10	11	12	13	14
15	16	17	18	19	20	21
22	23	24	25	26	27	28
29	30					

Kopiervorlage 92h: Bastelidee (Ergänzungsmaterial)

Juli

Lest im Buch „Sommer im Möwenweg" die Geschichte „Wir machen Popcorn und ein Popkonzert".

Wollt ihr nicht auch ein Popkonzert veranstalten?
Vielleicht auf einem Sommerfest für eure Eltern oder eine andere Klasse? Da habt ihr doch sicher viele Ideen. Und das Popcorn darf natürlich auch nicht fehlen!

Popcorn-Rezept
Ihr braucht:
Popcornmais, Öl, Puderzucker

So geht's:
1. Erhitzt das Öl in der Pfanne (oder in einem Topf), bis sich kleine Bläschen bilden.
2. Gebt nun die Maiskörner hinein und legt den Deckel oben drauf.
3. Sind alle Maiskörner aufgesprungen (d. h., wenn nichts mehr knallt), wird das Popcorn in eine Schüssel geschüttet und mit Puderzucker bestreut.

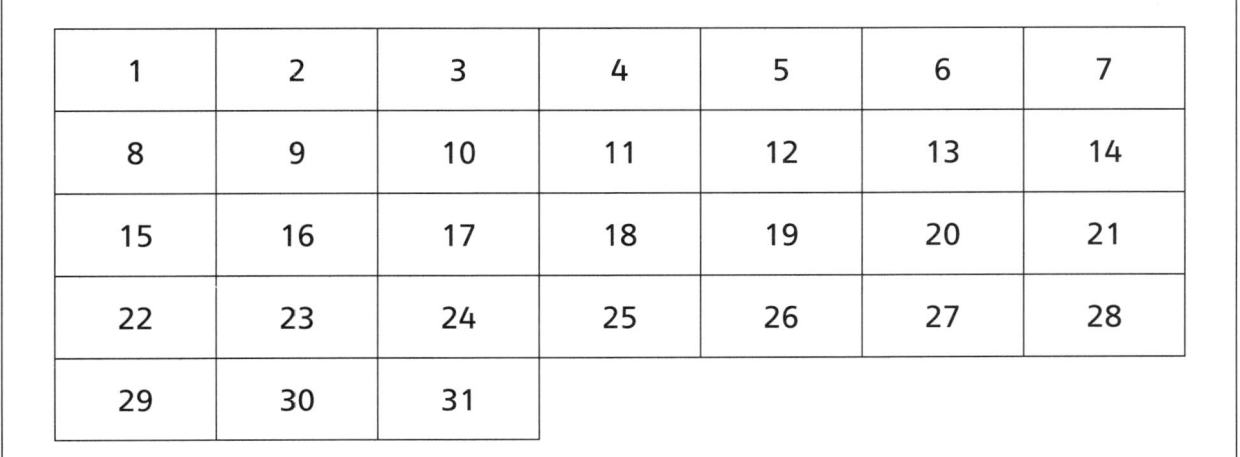

1	2	3	4	5	6	7
8	9	10	11	12	13	14
15	16	17	18	19	20	21
22	23	24	25	26	27	28
29	30	31				

Kopiervorlage 92i: Bastelidee (Ergänzungsmaterial)

August

Lest im Buch „Sommer im Möwenweg" die Geschichte „Wir feiern ein Gewitterfest".

Mixt euch auch ein paar leckere Sommer-Cocktails.

Ihr braucht:
Apfelsaft
Kirschsaft
Orangensaft
Mineralwasser
Eiswürfel
Zitronen
Zucker

Reibt den Gläserrand mit Zitronensaft ein und taucht eure Gläser in Zucker.
Dann habt ihr auch tolle Schneeränder am Glas.

1	2	3	4	5	6	7
8	9	10	11	12	13	14
15	16	17	18	19	20	21
22	23	24	25	26	27	28
29	30	31				

September

Lest im Buch „Geburtstag im Möwenweg" die Geschichte „Wir machen Weitspucken und feiern ein Sommerferienabschlusstrostgrillfest".

Wie wäre es, wenn ihr auch einen Pflaumenkernweitspuckwettbewerb veranstaltet?

Stellt euch auf dem Schulhof in einer Linie auf und los geht's. Messt mit einem Metermaß, wie weit eure Kerne geflogen sind und füllt zum Schluss die Tabelle aus.

	Name	gespuckte Weite
1. Platz		
2. Platz		
3. Platz		

1	2	3	4	5	6	7
8	9	10	11	12	13	14
15	16	17	18	19	20	21
22	23	24	25	26	27	28
29	30					

Kopiervorlage 92k: Bastelidee (Ergänzungsmaterial)

Oktober

Lest im Buch „Geburtstag im Möwenweg" die Geschichte „Die Schule fängt wieder an und wir nähen Puppenkleider".

In diesem Monat wird genäht.

So geht's:

1. Bringt eine Puppe oder ein Stofftier mit und sucht euch einen schönen Stoff aus.
2. Legt zwei Stoffstücke aufeinander und schneidet ein Kleid oder einen Pulli aus. Achtung, es darf nicht zu klein zugeschnitten werden. Am besten legt ihr eure Puppe oder euer Tier auf den Stoff und malt darum mit einem breiten Rand.
3. Näht mit dem Schlingstich die Seiten zu. Denkt an die Löcher für Kopf und Arme.

Hier ist Platz für ein Foto von euren Puppen und Stofftieren in der neuen Kleidung.

1	2	3	4	5	6	7
8	9	10	11	12	13	14
15	16	17	18	19	20	21
22	23	24	25	26	27	28
29	30	31				

November

Lest im Buch „Geburtstag im Möwenweg" die Geschichte
„Was an meinem Geburtstag alles passiert ist".

Wie wäre es mit einer eigenen „Tara-Geburtstagsfeier" in eurer Klasse?

Zu essen gibt es:
Buchstabenkekse, Orangensaft, Wasser
Vielleicht bringt sogar jemand einen Kuchen mit?

Reise nach Jerusalem
Stellt Stühle in einer Doppelreihe auf. Allerdings einen Stuhl weniger, als ihr Kinder in der Klasse seid. Nun wandert ihr zur Musik rund um die Stühle. Stoppt die Musik, setzt ihr euch schnell auf einen Stuhl. Das Kind, das keinen Platz findet, scheidet aus und nimmt einen weiteren Stuhl weg.
Gewonnen hat das Kind, das zum Schluss übrig bleibt.

Verkleiden
Bringt ganz viele alte Anziehsachen von euren Eltern mit.
Auch Karnevalsschminke könnt ihr gebrauchen.

1	2	3	4	5	6	7
8	9	10	11	12	13	14
15	16	17	18	19	20	21
22	23	24	25	26	27	28
29	30					

Taras Geburtstag

Dezember

Lest im Buch „Weihnachten im Möwenweg" die Geschichte „Wir backen Weihnachtskekse und üben Rechtschreibung".

Probiert einmal Taras Kekse-Rezept aus.
Oder möchtet ihr lieber andere Weihnachtsplätzchen backen?

Rezept für Haselnussfreuden

Man muss drei Eier mit 250 Gramm Zucker im Rührgerät vermischen. Dann rührt man noch 250 Gramm gemahlene Haselnüsse darunter. (Man kann sie vorher selbst mahlen. Es gibt sie aber auch schon fertig zu kaufen.) Dann ist der Teig schon fertig.
Mit zwei Teelöffeln hebt man kleine Häufchen auf das Backblech (mit Backpapier drunter) und auf jedes Häufchen kann man noch eine Haselnuss setzen. Ofen auf 150 °C (Umluft) schalten, 15 Minuten backen, fertig.
Manchmal pinseln wir noch Schokoladenglasur darüber. Das schmeckt auch gut. Mann muss es aber nicht.

(aus: Weihnachten im Möwenweg, S. 29)

1	2	3	4	5	6	7
8	9	10	11	12	13	14
15	16	17	18	19	20	21
22	23	24	25	26	27	28
29	30	31				

Schnippelseite

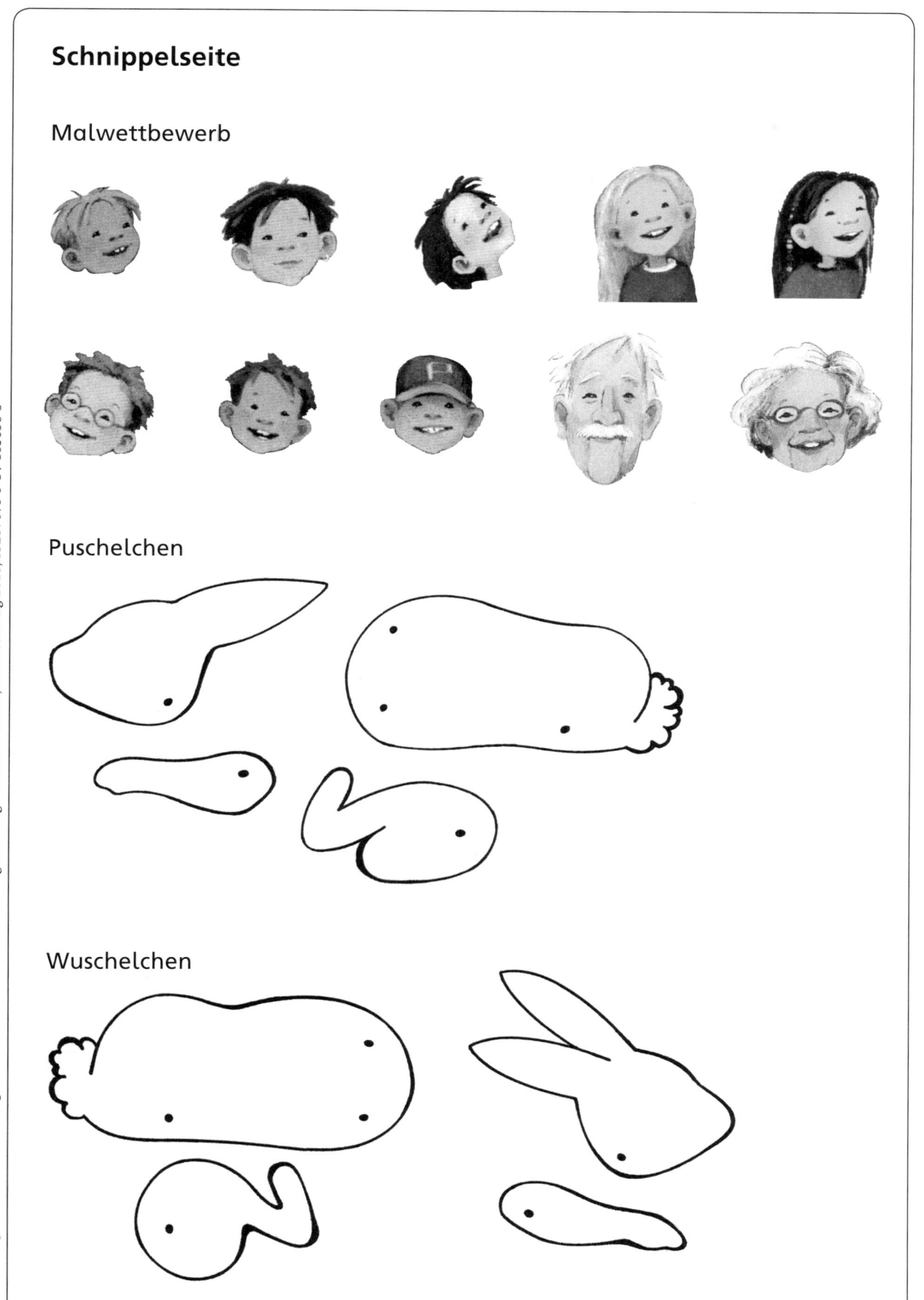

Malwettbewerb

Puschelchen

Wuschelchen

8 Empfehlungen

Bücher von Kirsten Boie

Bilderbücher

Beim Verlag Oetinger (Hamburg) erschienen:
Albert geht schlafen (2004)
Albert macht Quatsch (2004)
Albert ist eine Katze (2005)
Albert spielt verstecken (2005)
Bärenmärchen (1999)
Der kleine Pirat (1992)
Josef Schaf will auch einen Menschen (2002)
Kirsten Boie erzählt vom Angsthaben (2001)
Klar, dass Mama Anna / Ole lieber hat (1994)
Linnea geht nur ein bisschen verloren (1999)
Nee! Sagte die Fee (2000)
Was war zuerst da? (2004)

Beim Verlag Beltz & Gelberg (Weinheim) erschienen:
Juli tut Gutes (2000)
Kein Tag für Juli (2000)
Juli, der Finder (2004)
Juli und das Monster (2005)
Juli und die Liebe (2006)
Juli wird Erster (2007)

Kinderbücher

Beim Verlag Oetinger (Hamburg) erschienen:
Alles ganz wunderbar weihnachtlich (2006)
Der durch den Spiegel kommt (2001)
Der kleine Ritter Trenk (2006)
Ein Hund spricht doch nicht mit jedem (1996)
Jenny ist meistens schön friedlich (2003)
Kann doch jeder sein, wie er will (2002)
King-Kong, das Reiseschwein (1989)
King-Kong, das Schulschwein (1995)
King-Kong, das Liebesschwein (1993)
King-Kong, das Geheimschwein (1989)
King-Kong, das Zirkusschwein (1997)
King-Kong, das Krimischwein (1998)
King-Kong – Allerhand und mehr (2004)
Krippenspiel mit Hund (1997)
Vielleicht ist Lena in Lennart verliebt (1994)
Lena zeltet Samstagnacht (1996)
Lena findet Fansein gut (1997)
Lena hat nur Fußball im Kopf (1997)
Lena möchte immer reiten (1998)
Zum Glück hat Lena die Zahnspange vergessen (2000)
Lena – Allerhand und mehr (2002)
Lena fährt auf Klassenreise (2004)
Lena wünscht sich auch ein Handy (2005)
Lena hat eine Tierkümmerbande (2006)
Linnea klaut Magnus die Zauberdose (1999)
Linnea geht nur ein bisschen verloren (1999)
Linnea will Pflaster (1999)
Linnea findet einen Waisenhund (2000)
Linnea rettet Schwarzer Wuschel (2000)
Linnea macht Sperrmüll (2001)
Linnea macht Sachen (2002)
Linnea schickt eine Flaschenpost (2003)
Linnea – Allerhand und mehr (2005)
Man darf mit dem Glück nicht drängelig sein (1997)
Manchmal ist Jonas ein Löwe (2000)
Mittwochs darf ich spielen (1993)
Paule ist ein Glücksgriff (1985)
Prinzessin Rosenblüte (1995)
Prinzessin Rosenblüte. Wach geküsst! (2007)
Seeräuber-Moses (2009)
Sophies schlimme Briefe (1995)
Verflixt – ein Nix! (2003)
Wieder Nix! (2007)
Wir Kinder aus dem Möwenweg (2000)
Sommer im Möwenweg (2002)
Geburtstag im Möwenweg (2003)
Weihnachten im Möwenweg (2005)
Ein neues Jahr im Möwenweg (2008)

Hörbücher / Autorinnenlesungen mit Kirsten Boie

Beim Verlag Jumbo Neue Medien (Hamburg) erschienen:
Vielleicht ist Lena in Lennart verliebt / Lena findet Fansein gut (2008)
Zum Glück hat Lena die Zahnspange vergessen / Lena zeltet Samstagnacht (2008)

Internetadressen

www.kirsten-boie.de

Quellenverzeichnis

Alle Texte stammen aus Büchern von Kirsten Boie. Die genannten Titel sind beim Friedrich Oetinger Verlag, Hamburg, erschienen.

S. 31: Linnea – Allerhand und mehr (2002), S. 55-60
S. 34: King-Kong, das Schulschwein (1995), S. 19-20
S. 37: Lena hat nur Fußball im Kopf (1997), S. 5–6
S. 39: Verflixt – ein Nix! (2003), S. 30
S. 42: Paule ist ein Glücksgriff (1985), S. 7–9
S. 44: Sommer im Möwenweg (2002), S. 7, S. 10–12
S. 46: Josef Schaf will auch einen Menschen (2002), o. S.
S. 48: Sophies schlimme Briefe (1995), S. 64–66
S. 66: Linnea – Allerhand und mehr (2002), S. 149–150, 152–154
S. 71: Lena hat eine Tierkümmerbande (2006), S. 12–13, S. 15
S. 74: Lena hat nur Fußball im Kopf (1997), S. 12
S. 77: Klar, dass Mama Anna / Ole lieber hat (1994), o. S.
S. 79: Wieder Nix! (2007), S. 35–36
S. 86: Prinzessin Rosenblüte (1995), S. 54
S. 89: Der durch den Spiegel kommt (2001), S. 23, 26 und 29
S. 90: Seeräuber-Moses (2009), S. 36
S. 137: Seeräuber-Moses (2009), S. 40
S. 152: Weihnachten im Möwenweg (2005), S. 29

Illustrationen

Illustrationen von Silke Brix mit freundlicher Genehmigung des Verlages Friedrich Oetinger, Hamburg, aus den Büchern: King-Kong, das Liebesschwein; King-Kong, das Schulschwein; Paule ist ein Glücksgriff; Linnea macht Sachen; Linnea rettet schwarzer Wuschel; Linnea wünscht sich auch ein Handy; Linnea. Allerhand und mehr; Lena hat nur Fußball im Kopf; Klar, dass Mama Anna / Ole lieber hat.

Illustrationen von Barbara Scholz mit freundlicher Genehmigung des Verlages Friedrich Oetinger, Hamburg, aus den Büchern: Seeräuber-Moses; Der kleine Ritter Trenk.

Illustrationen von Katrin Engelking mit freundlicher Genehmigung des Verlages Friedrich Oetinger, Hamburg, aus den Büchern: Wir Kinder aus dem Möwenweg; Weihnachten im Möwenweg; Sommer im Möwenweg; Geburtstag im Möwenweg; Prinzessin Rosenblüte; Prinzessin Rosenblüte. Wach geküsst!

Illustrationen von Philip Waechter mit freundlicher Genehmigung des Verlages Friedrich Oetinger, Hamburg, aus dem Buch: Josef Schaf will auch einen Menschen.

Illustrationen von Stefanie Scharnberg mit freundlicher Genehmigung des Verlages Friedrich Oetinger, Hamburg, aus dem Buch: Verflixt – ein Nix!; Wieder Nix!

Fotos

Titel, S. 14, 22, 23, 56, 57, 92 unten, 95: Verlag Friedrich Oetinger, Hamburg
S. 16, 28, 29: Verlag Friedrich Oetinger, Hamburg/© Silke Brix, privat
S. 57: Verlag Friedrich Oetinger, Hamburg/© Kirsten Boie, privat
S. 57: Cover zu Astrid Lindgren: Pippi Langstrumpf, Friedrich Oetinger Verlag, Hamburg 2008; Cover zu Enid Blyton: Fünf Freunde erforschen die Schatzinsel, cbj, München 1997; Cover zu Enid Blyton: Fünf Freunde auf neuen Abenteuern, cbj, München 1966.
S. 58, 117: picture-alliance, Frankfurt/M.
S. 59, 92 oben, 93: Verlag Friedrich Oetinger, Hamburg/Ute Gräber
S. 60: Verlag Friedrich Oetinger, Hamburg/Paula Markert
S. 61: Verlag Friedrich Oetinger, Hamburg/Reto Klar
S. 105: Aura, Luzern

Alle übrigen Fotos: Alexandra Hanneforth